刘国新·主编

读点国史
辉煌年代国史丛书

迎风破浪
1992年的中国

崇庆余　杨德山　著

四川人民出版社

图书在版编目（CIP）数据

迎风破浪：1992年的中国/崇庆余，杨德山著.
—成都：四川人民出版社，2017.12（2024.7重印）
（读点国史：辉煌年代国史丛书）
ISBN 978-7-220-10482-4

Ⅰ.①迎… Ⅱ.①崇…②杨… Ⅲ.①中国历史
-1992 Ⅳ.①K275

中国版本图书馆CIP数据核字（2017）第278312号

YINGFENG POLANG：1992NIAN DE ZHONGGUO
迎风破浪：1992年的中国
崇庆余　杨德山　著

策划组稿	谢　雪
责任编辑	董　玲　谢　寒
封面设计	张迪茗
内文设计	戴雨虹
责任校对	袁晓红
责任印制	祝　健
出版发行	四川人民出版社（成都市三色路238号）
网　　址	http://www.scpph.com
E-mail	scrmcbs@sina.com
新浪微博	@四川人民出版社
微信公众号	四川人民出版社
发行部业务电话	（028）86361653　86361656
防盗版举报电话	（028）86361653
照　　排	四川胜翔数码印务设计有限公司
印　　刷	四川五洲彩印有限责任公司
成品尺寸	165mm×240mm
印　　张	19
字　　数	197千
版　　次	2018年6月第1版
印　　次	2024年7月第3次印刷
书　　号	ISBN 978-7-220-10482-4-01
定　　价	59.80元

总 序

◎李 捷

肩负起以史为鉴、资政育人的神圣使命

《读点国史：辉煌年代国史丛书》主编刘国新同志要我为丛书写篇序。要说的很多，想来想去，还是从国史的地位和国史研究的意义说起。

2013年6月25日，习近平总书记在中共中央政治局第七次集体学习时提出："学习党史、国史，是坚持和发展中国特色社会主义、把党和国家各项事业继续推向前进的必修课。"这就把党史、国史的学习、宣传和研究提到很高的地位。

学习、宣传和研究国史，有助于我们认清党和国家发展的历史方位，认清肩负的历史责任和神圣使命，更加坚定自觉地坚持和发展中国特色社会主义。中华人民共和国如今已经走过近七十年的光辉历程。这个光辉历程，是中华民族伟大复兴史的辉煌篇章。新中国的成立，标志着中华民族伟大复兴第一个历史任务的实现，中华民族的历史从此进入一个新纪元。但是，这只是万里长征走完第一步，中国共产党继续承担起为实现国家繁荣富强、人民共同富裕的中华民族伟大复兴第二大历史任务。为此，我们完成了社会主义革命，进行了社会主义建设，进行了改革开放新的伟大革命，终于找到了中国特色社会主义这一实现中华民族伟大复兴的必由之路。重温这段历史就会发现，中国共产党领导、马克思主义指导、改革开放和中国特色社会主义道路，都是历史和人民的选择。中国革命、建设和改革为什么只能由中国共产党来领导，而不能由其他政党来领导？为什么中华民族伟大复兴只能以马克思主义为指导，而马克思主义又必须同中国实际相结合？为什么中国只能走社会主义道路，其他的道路为什么走不通？这些本需要从理论上用许多笔墨来阐释的道理，只要站在人民的立场上，紧密结合中国革命、建设和改革的历程，就不难得到解答。这本身就说明，科学理论的逻辑根植于历史发展的总趋势和总脉络之中。只要是站在人民大众的立场，而不是站在少数人的立场，秉承实事求是的原则，而不是抱有某些先入为主的偏见，就不难得出历史的结论。因此，国史同党史一样，都是认清历史方位、历史走向、历史结论最为生动的教科书。

学习、宣传和研究国史，有助于我们深入理解马克思主义中国化的探索史和发展史。新中国所取得的巨大成就，就在于执政的中国共产党是一个在理论上富于探索和创新精神的马克思主义政党。这种理论创新，根源于马克思主义指导，根源于马克思主义基本原理与实际的结合和运用，更根源于自身的历史和实践，根源于历史经验和实践经验的科学总结。马克思主义中国化，都是科学总结党和国家历史正反两方面经验的结果，都是在此基础上对中国革命基本规律、基本理论、基本路线、基本纲领、基本经验的认识产生新飞跃的结晶。改革开放以来逐步形成的党在社会主义初级阶段的基本理论、基本路线、基本纲领、基本经验、基本要求，也是在一代又一代党和国家领导人的带领下，经过不断艰辛探索，不断概括总结，不断推动理论创新和实践创新的基础上，接力发展得来的。尽管改革开放以前的探索经历过严重的曲折，直到党的十一届三中全会成功实现伟大的历史性转折之后，这一探索才真正走上了中国特色社会主义的康庄大道。但历史是不能割断的。改革开放以前成功的探索所提供的宝贵经验、理论准备、物质基础是宝贵财富，改革开放以前严重失误的探索所提供的历史借鉴同样是使我们党坚定不移地走上中国特色社会主义道路的宝贵财富。为什么说无论搞革命、搞建设、搞改革，道路问题都是最根本的问题？为什么说新中国的一切成就，归结到一点，就是开辟形成确立了中国特色社会主义道路、中国特色社会主义理论体系、中国特色社会主义制度？要正确回答这些问题，必须系统地而不是零散地学习研究共和国的历史，深入地了解党的治国理论是如何从自身的历史和实践中总结出来的，又是如何随着时代和实践的发展变化而不断丰富、完善、创新、发展的。因此，国史是深刻理解马克思主义基本原理和科学社会主义原理在中国的成功运用和创造性发展最为生动的教科书。

学习、宣传和研究国史，有助于我们深入把握历史发展的主题和主线、主流与本质，更加自觉地划清历史唯物主义同历史虚无主义的原则界限，增强辨别真伪、明辨是非的能力。新中国成立后我们也有过“大跃进”和“文化大革命”这种全局性的严重失误。然而，这些曾经给建设事业造成严重损失的失误，都依靠党和国家自身得到了彻底纠正。不仅如此，从这些失误中得到的教训，还转化为实现伟大历史转折、推动党在理论上更加成熟、成功开辟新路的宝贵财富。正所谓“吃一堑长一智”。只要我们把这些作为完整的历史过程联系起来看，既看到党和国家在艰辛探索中犯错误的历史，也看到党和国家自觉纠正错误探寻新路的历史，更看到党和国家在探索中走向成熟、走向辉煌的历史，就不难认清新中国历史的主题和主线、主流和本质。为什么说必须坚持改革开放前后两个历史时期的辩证统一，既不能用改革开放后否定改革开放前的历史，也不能用改革开放前否定改革开放后的历史，其深刻的道理就在这里。自中国共产党成立之日起，党团结带领全国各族人民为实现民族独立、人民解放和国家繁荣富强、人民共同富裕这两大历史任务而不懈奋斗，这就是国史的主题和主线。一部共和国史，就是党领导人民完成新民主主义革命和社会主义革命、进行社会主义建设和改革开放新的伟大革命的历史，就是不断推进马克思主义中国化，最终形成中国特色社会主义道路、理论和制度的历史，就是党在中国革命、建设和改革各个历史时期坚持全心全意为人民服务的宗旨、永葆先进性和纯洁性的历史。这就是国史的主流和本质。在这方面，通过拨乱反正实现伟大历史转折形成的第二个历史决议，为我们用历史唯物主义正确对待历史树立了榜样。历史反复证明，把握国史的主题和主线、主流和本质，不但不会妨碍对自身所犯错误的反思与纠正，而且正是彻底纠正错误、总结经验、吸取教训的科学前提。这正是历史唯物主义同历史虚无主义的根本区别。因此，国史是启迪人们从成功中吸取经验、从失误中吸取教训，不断开辟走向胜利的道路、提高领导水平和执政能力最为生动的教科书。

学习、宣传和研究国史，还有助于我们弘扬中国精神、凝聚中国力量，团结一切可以团结的力量，调动一切可以调动的积极因素，为实现民族复兴“中国梦”而奋斗。新中国在不同历史时期形成了雷锋精神、“铁人”精神、“两弹一星”精神、改革开放时代精神等，形成了理论联系实际、密切联系群众、批评和自我批评的优良传统作风。毛泽东、刘少奇、周恩来、朱德、任弼时、邓小平、陈云等老一辈革命家不仅亲手培育了这些精神和优良传统作风，而且身体力行、率先垂范，为我们党树立了坚持理想信念和党性修养的精神与道德的楷模。无论在发展顺利之时，还是身处逆境之时，中国共产党人始终秉持理想信念的力量，秉持崇高精神的力量，所向披靡，无坚不摧。中国共产党用牺牲了上千万英雄儿女的事实，用自身的先锋模范作用，用革命、建设和改革的辉煌业绩，用全心全意为人民服务的赤诚，感召了全中国各族人民聚集在中国特色社会主义旗帜之下，为实现民族复兴“中国梦”而共同奋斗。因此，国史是继承中华文明5000多年优良传统，坚持近代170多年以来形成的革命传统，在当代弘扬中国精神、凝聚中国力量最为生动的教科书。

研究国史是神圣的事业，一定要投入真感情。也就是说，不仅仅要把研究国史看成是一项工作，有科学严谨的研究方法和研究态度，更要把研究国史看成是一份神圣的事业，一份值得投入精力、倾注感情的事业。有了这份深厚的感情，才能有研究的动力和出发点，也才能取得经得住时间检验的科研成果。《读点国史：辉煌年代国史丛书》由一批国史研究领域的专家担纲撰写，他们有专业背景，曾承担过国家级重大课题，也都有个人的研究著述，形成学风严谨、功力扎实的品格。我相信这套丛书是他们用心写就的。

如今社会上存在着一种质疑国史和党史的倾向，这种质疑恰恰是对历史缺乏深入了解的结果。一方面，极少数人为了某种目的，想要刻意否定这段历史，因此就把历史上共产党人的缺点和错误无限夸大，这是一种歪曲历史的行为；另一方面，有些人以“历史解密”“历史内幕曝光”为噱头，在网上抛出许多没有依据的、鲜为人知的历史来吸引人们的好奇心和注意力，这也是对历史的一种误导。这套丛书以正史的姿态普及国史知识。它所选取的 12 个年份，是有影响和充实着重大事件的 12 年，构成了共和国历史的基本框架。该丛书采用纪事本末体，分别立传，既不歪曲历史也不误导读者。创作理念上以平实为要，不求新奇，不发空论。古代史学家刘知幾认为“良史以实录直书为贵”，顾炎武也说“古人作史有不待论断而于序事中即见其指者”，都讲的是论从史出的道理。该丛书秉承了中国史学的这一传统。在行文上力求鲜活、生动、明快。内容铺陈上又能做到严谨而不失于呆板，摆脱了偏重政治史的范式，特别注意对社会风尚、时代精神、民间习俗以及大众意识的描述，每一本书相对来说都有一个知识增量。

站在今天去理解历史、感知历史，可以更好地把握未来。我们在感知共和国脉搏律动的同时，也在书写共和国不同凡响的篇章。一位老同志曾经说过，共和国千秋万代，国史研究也千秋万代。让我们在千秋万代的事业中贡献自己的一点一滴。

总前言

◎刘国新

在中华人民共和国成立近七十周年之际，将自己多年的研究成果和心得付梓，是从事国史研究的专业人士理应做到的分内之事。

2013 年 6 月 25 日，习近平总书记在中共中央政治局第七次集体学习时提出："学习党史、国史，是坚持和发展中国特色社会主义、把党和国家各项事业继续推向前进的必修课。"把党史、国史的学习提到各项事业前进的必修课的高度，这还是第一次。《读点国史：辉煌年代国史丛书》正是落实习近平这个号召的具体行动。它以正史的姿态普及国史知识，用它的品位在"读点国史"中尽一份社会责任。

这套《读点国史：辉煌年代国史丛书》选择在共和国历史上产生过重大影响或者引起社会加速发展并充实着重大事件的 12 个年份为时间节点，一年一本，各自成卷，构成了共和国历史的基本框架。

如果从完整的纪年看，1950 年无疑是新中国的第一年。中国 20 世纪最伟大的女性、被人们称为"国之瑰宝"的宋庆龄，当年是中央人民政府副主席，她将 1950 年称作"第一年的新中国"。

这一年，我们的共和国到处洋溢着欣欣向荣的新气象。新社会、新政府、新生活、新天地……大到国家关系，小到百姓的日常起居，人们都实实在在地感受到新旧社会两重天，感受到中国的历史巨变。当然，这仅仅是开始，更为波澜壮阔的变迁还在后面。在共和国历史中，1950 年之所以具有里程碑意义，就在于它是“一元初始，万象更新”。

1954 年之所以是“大业宏图”，皆因这一年召开了第一届全国人民代表大会，毛泽东主持制定了共和国第一部宪法。中国第一次以大国身份出席重要的国际会议，提出划时代的和平共处五项原则，为建立国际关系新秩序奠定了坚实的理论基础和令人信服的实践基础。这一年又是过渡时期总路线公布后的第一年，公私合营和农业合作化运动，迈出了决定性的一步。

1956 年，社会主义改造全面完成。接下来召开的中共八大清醒地认识到我国无产阶级和资产阶级之间的矛盾已经基本解决，国内主要矛盾是人民对于建立先进的工业国的要求同落后的农业国的现实之间的矛盾，是人民对于经济文化迅速发展的需要同当前经济文化不能满足人民需要的状况之间的矛盾。为此，党和国家的工作重点就是把我国尽快地从落后的农业国建设成为先进的工业国。这一年，“双百”方针的提出，“向科学进军”的号召，使整个科学文化事业呈现出勃勃生机。1956 年的的确确是“意气风发”的一年。

从 1956 年至 1966 年的十年是共和国开始全面建设社会主义的十年。这其中既充满艰辛的探索，也不可避免地在探索中曲折发展。这十年间，有代表性的是 1962 年。年初召开的七千人大会，初步总结了“大跃进”以来的经验教训，对推动国民经济全面调整起到了积极作用。9月召开的党的八届十中全会未使“左”倾错误在经济工作的指导思想上得到彻底纠正，而在政治和思想文化方面还有发展。国内形势困难曲折，国际局势错综复杂。印度不断在中印边界制造事端，中国军队被迫自卫反击。中苏两党分歧加剧，国际共运的争论和分歧达到新阶段。用“关山飞渡”来概括这一年，较为贴切。

1976年可谓大悲大喜。“文化大革命”这一全局性的错误至此已进入第十个年头，三位伟人相继离世，“四人帮”倒行逆施，唐山大地震损失惨重，国民经济濒临崩溃边缘。中国人民在关乎国家与民族命运的大搏斗中终于再次赢得胜利。噩梦醒来，艳阳高照。所谓“激荡岁月”，暗含这一年各种矛盾胶着、较量，经历着动荡和激变，代表着正义的力量终于取得了胜利的那样一种状态。

1978年是共和国历史上经历伟大转折的一年。粉碎“四人帮”后，我党为肃清“左”的影响，为发展国民经济进行了大量的卓有成效的工作，但也遇到阻力。关于真理标准问题的大讨论，在全党再次确立了实事求是的思想路线。党的十一届三中全会的召开，在政治、思想、组织等领域全面开始了拨乱反正，揭开了改革开放的序幕，标志着一个新时代的开始，“伟大转折”成为新的起点。

1984年，农村改革使粮食产量第一次突破4亿吨，基层政权建设完成了政社分离，建立了乡政府和村民委员会，人民公社体制不复存在。党的十二届三中全会的决定突破了把计划经济同商品经济对立起来的传统观念，为经济体制改革提供了新的理论指导，改革的重点从农村转向城市。对外开放迈出新的步伐，开放14个沿海港口城市。根据“一国两制”的构想，中英两国政府签订了联合声明，香港问题圆满解决。这一年，可谓“春潮涌动”。

1992年，邓小平视察南方并发表重要谈话，从理论上深刻回答了长期困扰和束缚人们思想的许多重大问题。同年召开的党的十四大作出三项具有深远意义的决策：确立邓小平中国特色社会主义理论在全党的领导地位；明确我国经济体制改革的目标是建立社会主义市场经济体制；强调抓住机遇，加快我国经济社会的发展，推进改革开放跃上新台阶，中国改革开放的大船“迎风破浪”，驶上新的航程。

1997年，江泽民在党的十五大报告中，进一步阐述邓小平理论的历史地位和指导意义，进一步阐述党在社会主义初级阶段的基本路线和基本纲领，并就建设中国特色社会主义的政治、经济、文化作出全面部署，确定了跨世纪发展的宏伟蓝图，明确回答了国际国内普遍关注的邓小平逝世后中国怎样“继往开来”的重大问题。

2003年，是中国发展进程中重要而非同寻常的一年，也是改革开放和社会主义现代化建设取得显著成就的一年。以胡锦涛为总书记的新一届中央领导集体从改革开放25年的实践中、从抗击“非典”疫情的斗争中获得重要启示：坚持以人为本，树立全面、协调、可持续的科学发展观，促进经济社会和人的全面发展。从单纯追求经济增长，到促进经济、社会和人的全面发展，这是中国发展观的重大进步，适应了全面建设小康社会的迫切要求。

2008年，是深入贯彻落实党的十七大精神、推进“十一五”规划顺利实施的关键一年，也是我们应对国际经济形势复杂变化、保持经济平稳较快发展的重要一年。中国人民同心同德、顽强拼搏，成功抗击南方部分地区严重低温雨雪冰冻灾害和四川汶川特大地震灾害，成功举办北京奥运会，完成“神舟”七号载人航天飞行任务，举办第七届亚欧首脑会议，中国的经济实力和综合国力进一步增强，人民生活水平继续提高。中国人民同世界各国人民加强友好交流和务实合作，共同应对国际金融危机等严峻挑战，为维护世界和平、促进共同发展做出了新的贡献。这一年恰逢改革开放30周年，中国人民隆重纪念这一重要历史时刻，在总结经验的基础上对继续推进改革开放作出了部署。

2013年在新中国历史上值得书写，不仅因为这一年是新一届政府产生之年，而且因为执政的中国共产党的作风和纪律切实需要加以整顿，党内腐败蔓延正在侵蚀党的肌体，引起人民的强烈不满；改革开放到了深水区和攻坚期，如何让多年的改革开放成果惠及全体人民，而不仅仅是一句漂亮的口号；粗放的经济发展模式，付出了太多的资源和环境成本的代价，必须下大决心转变。这一年，以习近平为首的中共中央在治党治国治军、改革发展稳定的征程上都迈出了坚定的步伐。中华民族伟大复兴的“中国梦”是人民永续辉煌的不竭动力。

尽管有人把国史看作是中国历史“自然的延伸”，但我觉得国史与历代中国断代史还是有所区别的。中国是历史积淀异常深厚的国度，不仅历史悠久，而且史官文化高度发达，史籍经典延绵不绝，史志资料浩如烟海。按照中国史学的一般传统，是后人记前人事，盖因后人看前人更客观，档案文献的查找也更便利。但也不尽然。被鲁迅称为“史家之绝唱，无韵之离骚”的《史记》，其作者司马迁就生活在汉武帝时代，书中就曾记录了不少当时的人和事，无怪乎有人干脆称《史记》为“实录”（《汉书·司马迁》）。今天人讲今天事，当代人修当代史继承的就是中国史学的这一特殊传统，尽管在秉笔直书、正视历史真相方面多多少少还是有距离和难度的。但本套丛书还是做到了“存史”的目的。把过去发生的事情娓娓道来，写清楚它们的来龙去脉，应了孔子所说的“物有本末，事有始终，知所先后，则近道矣”和刘知幾强调的“良史以实录直书为贵”的要求。

这套国史丛书由一批国史研究领域的专家担纲撰写，他们有严谨的治学态度和深厚的学术功力，不会轻易受干扰和动摇。笔者相信这些著作会给读者以不同的感受。

目　录

第二章　春暖华夏

第三章　九州共识

第七章　时代精神追踪

第八章　风景这边独好

引　言

历史总是要向前发展的，发展的速度却并非始终如一。有的时期发展较慢，一些时段甚或出现倒退，有的时期发展较快，一些时段甚或出现跳跃性的迅猛发展。这种发展速度的不同，固然是历史的必然性使然，也与历史的偶然性不无关联。这种偶然性表现为，作为世界主体的人，对社会的加速发展和迟缓发展，在特定时期起着决定性的作用。

在中华民族历史发展的长河中，中华人民共和国成立以来的60多年，是发展最快的历史时期。改革开放以来的30多年，是发展速度最快，也是最辉煌的时段，是迅速改变了中国面貌的30多年。就这30多年来说，同样体现出历史发展不平衡性的规律，其中有几个年份在这段历史中居于十分重要的地位，成为这一时段的亮点。

1992年，无疑是发展速度最快的一年，是我国各条战线、各个方面出现了新局面的一年，开辟了改革开放的第二个春天。因而，将1992年称之为共和国发展史上的重要里程碑，是十分贴切的。当我们翻开1992年这一光辉历史篇章的时候，震撼我们的又岂止是它的发展速度和取得的成就？

第一章

挑战与机遇

迎风破浪——1992年的中国

1992年来临之时，人们似乎并没有看出与往年有什么明显的不同，有什么特殊的新意，但中国确实走到了历史的重要关口。虽然当时国内还存在着种种障碍，在国际上中国面临着很大的压力和挑战，但是国际格局发展到这个时候，共和国历史发展到这个时候，已经客观地提出了经济体制进行重大改革和经济快速发展的迫切需求，而且共和国此时已经具备了进行深化改革和扩大开放的条件。

一、国际风云变幻

◎两极格局瓦解

◎美国虽强，但实力也有限

◎中国是世界的重要一极

◎俄罗斯仍然不敢小看

◎多极化趋势形成

20世纪90年代一开始，国际风云的剧烈变幻就令人眼花缭乱，不消说世人去预测它的发展变化，就是在一些重大国际事件发生后及时分析它出现的原因，评估它产生的影响，也是十分不易的，及时采取正确有效的措施，就更难了。众所周知，在第二次世界大战结束之后，形成了以美国为一极和以苏联为另一极、两极进行对抗的基本国际格局。为了战胜或者至少在对抗中占上风，双方均展开了军备竞赛，耗费了巨大的财力。20世纪90年代初，伴随着以苏联为首的由华沙条约成员国组成的社会主义阵营的瓦解，苏联（及以后的俄罗斯）在同美国的抗衡中明显处于劣势。

1990年8月2日，伊拉克入侵一个只有2万平方公里的邻国科威特，并随后占领了科威特全境。以美国为首的多国部队，在取得联合国安理会授权后，在1991年1月17日发起代号为“沙漠风暴”的军事行动，海湾战争爆发。在对伊拉克进行了5万多架次的空中打击后，多国部队在2月24日出动地面部队向伊拉克军队进攻，并重创了伊拉克军队。2月26日，伊拉克总统萨达姆宣布从科威特撤军。2月28日，美国总统布什宣布多国部队停火，海湾战争结束。“沙漠风暴”的成功，使美国在国际上的分量大大加重了。1991年底苏联瓦解，使美国成为世界上唯一的超级大国，原有的两极世界政治格局打破了。

到了1992年，表面上看美国成为唯一的超级大国，但美国的实力毕竟是有限的，在国际事务中不可能主宰一切；在有关世界的一些重大问题上，离开其他大国的支持，它也难以实现其目的。特别是如果没有安理会其他几个常任理事国的理解和支持，美国采取的行动在道义上就难以站得住脚，也难以取得实际效果。

中国是世界上人口最多、幅员辽阔的国家。改革开放以来，经济快速发展，科技取得长足进步，人民生活水平得到明显提高，政通人和，百业兴旺。中国是联合国安全理事会常任理事国之一，在外交上坚持以维护世界和平和稳定为目的的独立自主的外交方针，在国际上拥有很好的信誉和很高的威望，因而也是世界的重要一极。在解决国际事务方面，中国发挥着重要的影响，在解决东亚事务方面更是起着十分重要的作用，是维护世界和平，特别是维护亚洲和平的一支十分重要的力量。

西欧发达国家组成的欧共体也是世界上重要的一极。这一极的法国和英国拥有核武器，且是联合国安理会常任理事国，德国则有仅次于美日的强大经济实力。

俄罗斯作为核武库仅次于美国的核大国，虽然不具有苏联那样强大的力量，但是它继承了苏联在联合国安理会中常任理事国的地位，因而也是重要的一极。俄罗斯奉行与中国友好的政策，与中国各方面均有着良好的合作关系。

日本虽没有联合国安全理事会常任理事国的地位，但有仅次于美国的经济实力，并且是世界上最大的债权国。它是国际政治经济格局中的重要一极。

旧的世界两极政治格局已打破，新的世界多极政治格局正在形成。这一国际形势的变化，既有对中国不利的一面，也有对中国有利的一面。因而，中国面临着挑战与机遇并存的复杂局面。

二、世界经济发展

◎多种矛盾尖锐

◎西方发达国家经济发展缓慢

◎发展中国家“失去的十年”

◎亚洲的“奇迹”

◎独联体和东欧经济大倒退

◎日益激烈的科技竞争

20世纪90年代初，各个国家和区域发展极不平衡，有快有慢，有比较景气的，有不太景气的。全球经济从整体上说，虽未发生大的经济与社会危机，但存在的问题很多，多种矛盾尖锐。

第一，南北差距不仅没有缩小，反而进一步扩大，严重制约了全球经济的发展。南北差距，即发展中国家与发达国家的差距，由于发达国家大部分在北半球，发展中国家大部分在南半球，所以这种差距叫南北差距。由于发达国家对发展中国家的债务问题和经济援助等方面着重考虑自己的利益，不考虑发展中国家的利益，甚至为了自身利益而损害发展中国家的利益，导致了发展中国家的经济发展缺少足够的资金和技术，使南北差距进一步拉大。至20世纪90年代初，与西方发达国家相对照的是，世界上仍有10多亿人生活在贫困之中，还有许多人因饥饿和瘟疫而挣扎在死亡线上。

第二，西方发达国家，特别是美国打着“人权”“民主”的幌子，动辄对不同意识形态的国家实施经济制裁，甚至对有些国家制裁几十年之久。这是一种强加于人的干涉别国内政的做法。由于西方发达国家拥有经济、政治、军事、科技的优势，这种制裁对被制裁的发展中国家的经济发展是十分不利的，这种制裁时间越长，范围越广泛，对被制裁国家的危害就越严重。美国对古巴几十年一贯制的制裁，就严重影响了古巴经济的发展。

第三，世界上一些热点地区的冲突和战争，导致了大量的人力和财富的消耗，严重影响了这些国家的经济建设，影响了这些国家和地区与外国的正常贸易的开展。比如 1990 年至 1991 年间的海湾战争，就对全球经济的发展起了消极的作用。非洲一些国家和地区长期连绵不断的战争和冲突，一是严重影响了自身的建设，越打越穷；二是影响了地区安全，刺激了本地区的军备竞赛，影响了地区经济的发展，进而影响到全球经济的发展。

第四，西方国家尤其是美国限制高科技产品和技术向发展中国家出口，这制约了全球经济的发展速度。由于历史的原因和自身的自然经济条件方面的原因，西方发达国家在科技，特别是高科技方面在世界上居于领先地位。现代生产受科技的影响极大，西方限制高科技产品和技术的出口，对发展中国家提高劳动生产率和产品质量不利，影响了这些国家的出口和经济的发展，转过来也影响了这些国家的进口。

第五，环保问题日益突出。世界进入 20 世纪 90 年代，由于人为地对森林植被的破坏，许多国家在发展经济中因不注意环保而造成严重污染，从而使自然灾害频繁发生，污染事件愈演愈烈，给经济的发展和人的健康带来了极大危害，造成了一些不可挽回的损失。随着环保问题日益突出，许多有识之士呼吁各国行动起来，从全球范围内采取一致行动，解决环保问题，造福当前，泽被后代。随着一些国际性环保会议的召开，人们对环保的一些重要问题达成了共识。但由于发达国家不愿拿出更多的钱来支持发展中国家的环保事业，也有许多发展中国家依然不重视环保。因此，世界环保形势在20世纪90年代初非但没有得到改善，甚至还在不断恶化。

西方工业化国家（七国集团）的经济在全球经济中占据了很大的比重，该集团国经济发展速度的快慢，对世界经济影响很大。20世纪80年代至90年代初，西方经济发展缓慢，平均只有2.8%的发展速度。内部需求不旺，导致进口产品的数量难以大幅度提高。而且在西方发达国家之间经常发生贸易战，比如美国不断与日本发生汽车战，与欧洲国家发生食品战。欧洲共同体12国为了与美国抗衡，保护欧洲国家的利益，于1985年6月批准了建立欧洲统一市场的白皮书，明确规定1992年12月31日为统一市场的最后期限。此后，欧洲统一市场的建立进入了紧锣密鼓的立法阶段。到1992年底，欧共体统一市场形成。这个统一市场拥有消费人口3.46亿，占有国际贸易份额的30%以上，经济总产值也大大超过美日。当时许多专家预言：21世纪，欧洲将在与美日的经济角逐中居于主宰地位。欧共体统一市场在形成过程中吸收了大量的外国投资，增加了大量的就业机会。因此，欧共体统一市场的形成使欧共体企业界欢欣鼓舞，而美日企业界则感到一种无形的压力。因此，美国在1992年利用自身的力量，发起组织了包括美国、加拿大和墨西哥三国在内的北美自由贸易区，以加强与欧洲统一市场抗衡的力量。

整个20世纪80年代，非洲和拉丁美洲的绝大多数国家经济发展速度很低，甚至低于同期发达国家2.8%的水平，只达到2.4%（扣除中国年均增长9%的因素），大大低于20世纪70年代5%的发展速度。从地区来看，除东南亚和南亚地区保持年平均增长5.6%外，其他地区几乎是原地踏步。世界银行的专家称20世纪80年代是发展中国家"失去的十年"。这种状况到90年代初未见好转。1990年发展中国家的平均经济增长率仅为2.2%，其中拉丁美洲地区出现了负增长，东南亚和南亚的发展速度也放慢了。与经济发展速度缓慢相对应，发展中国家的财政状况恶化，通货膨胀加剧，物价上涨过快，债务负担达1.3万亿美元以上，达到其出口收入的2倍多，其中拉美国家达到发展中国家总债务的三分之一。而且，发展中国家在建设资金缺乏的情况下，外部资金流入骤减，资金外流的情况却相当严重，导致国内投资大幅度下降，从而进一步制约了经济的发展，人民的生活水平进一步下降。到1990年为止，占世界人口15%的发达国家占有世界总收入的70%，而占世界人口76%的发展中国家却只有世界总收入的20%，其中占世界人口半数的穷国的收入仅为世界总收入的5.6%。世界上5.5亿人口处于饥饿状态，非洲有62%的人口生活在贫困线以下。这种状况在整个20世纪90年代难以改变。

从亚洲地区来说，绝大多数国家经济发展高于世界平均水平，这其中主要是中国自1980年后经济发展速度很快，而且是持续发展。中国是世界上最大的发展中国家，中国的经济持续高速增长，对周围其他国家的辐射作用十分明显。中国作为世界上最大的和最具潜力的市场，对与中国贸易量大的国家和地区的经济拉动作用也十分明显。新加坡、韩国和中国香港、台湾地区的经济发展也比较快，号称“亚洲四小龙”。香港得益于祖国大陆的改革开放，发展速度又大大高于其他三“小龙”；台湾经济的快速发展同样得益于与祖国大陆的贸易。日本经济虽然在20世纪80年代发展速度不快，但基本上维持在3%以上。上述情况表明，进入20世纪90年代后，亚洲国家特别是中国和东南亚国家，在经济发展速度方面是一枝独秀的。

从苏联解体后的独联体各国和东欧国家的经济发展状况来看，20世纪80年代末至90年代初，因政局持续动荡，经济发展速度大幅度下降，而且物价涨幅失去了控制，货币贬值幅度之大使人难以想象，人民生活水平迅速下滑。

20世纪80年代至90年代初，科学技术对经济发展的作用日益增大。随着科技在推动经济发展方面作用的增大，世界科技的竞争日益激烈。这种竞争表现在区域性集团的对抗日益明显，欧洲共同体国家联合一致对外，采取欧洲的统一技术标准，联合开展研究和开发了许多一国财力难以承担的项目。

这种竞争也表现在强化科学技术的正确选择上。美国在20

世纪90年代初成立了“关键技术研究院”，选择了包括高清晰度电视、半导体技术等22项技术作为国家关键技术。欧洲共同体用了57亿欧洲货币单位重点加强生物、环境方面的研究。日本在20世纪90年代初，选定了9个重点学科作为研究的主攻方向。

世界科技的竞争还表现在增加研究开发的经费上。20世纪90年代初，从科技研究和开发的费用与国民生产总值的比例来看，日本约为3%，德国为2.9%，美国为2.8%。其他经济发达国家对科技的研究和开发也进行了大量的投入。美国在高科技方面有一整套计划，除继续实施“星球大战”计划外，还推出了“高性能计算与通信计划”，把计算机系统与光纤系统联系起来研究，在政府和各大学等部门之间建立了高速信息传输网络。

高科技的竞争还表现在搜罗和培养人才的竞争上。美国在这方面取得的成就最突出。美国以优厚的条件吸引人才，使发展中国家的高科技人才大量流入美国，特别是苏东发生剧变后，这些地区高科技人才更是大量流入美国，为其所用。

与西方发达国家相比，在20世纪80年代至90年代初，发展中国家在高科技竞争方面也大大落后了。不仅原有科技实力大大落后于西方，而且用于科技研究和开发的投入占国民生产总值的比例也大大低于西方，一般不到国民生产总值的1%。在对科技的开发和研究以及对科技人才的重视方面，也十分明显地落后于西方，致使原本就缺少的高科技人才大量流失。这对发展中国家是十分不利的。因为经济的发展和综合国力的增长，在很大程度上是由科技实力决定的，并且随着时间的推移，经济发展速度将越来越由科技来决定。

20 世纪 80 年代末和 90 年代初，全球经济和科技发展的形势，使中国既面临着严峻的挑战，又有难得的机遇。如何抓住这一难得的历史机遇，更快更好地发展中国的经济，是中国领导人和中国人民需要解决的主要课题。

三、为新的发展准备条件

◎势在必行的“治理整顿”

◎邓小平特别关注浦东

◎姚依林到上海调研

◎邓小平强调：“抓紧浦东开发，不要动摇，一直到建成”

中国的治理整顿是从 1989 年开始到 1991 年结束的，前后持续了三年时间，因而这段时间又称为三年整顿时期。

自改革开放以来，我国的经济获得了迅速发展，到 1988 年，我国的国民经济的年平均发展速度达 10%以上，在中国这样一个有 10 多亿人口并且经济落后的发展中大国，实现这一目标堪称世界奇迹。与此相适应，中国的精神文明建设也有了很大的发展，国家综合实力显著增强，人民生活水平有了明显提高。这是全体中国人民和全世界人民有目共睹的事实。但在前进的过程中，中国也出现了一些不容忽视的问题。比如在 1988 年就出现了通货膨胀和抢购风潮。针对中国经济出现的这些问题，国家必须及时采取果断措施加以解决。面对当时的经济困难和问题，党中央召开了十三届二中全会，做出了“治理经济环境，整顿经济秩序，全面深化改革”的决定。全会认为，当时经济中存在的突出问题是物价上涨幅度过大，治理经济环境的主要任务是压缩社会总需求；整顿经济秩序的主要任务是整顿当时经济生活中尤其是流通领域出现的各种混乱现象。会议决定调慢物价改革的速度。

1989 年 6 月，党中央召开了十三届四中全会，产生了以江泽民为核心的新的中央政治局常委会和新的中央政治局以及中央书记处，中共第三代领导集体形成。全会强调，要继续坚决执行党的十一届三中全会以来的路线、方针和政策，继续坚决执行党的十三大确定的“一个中心、两个基本点”的基本路线。这次会议不仅对于当时进一步稳定局势具有重大作用，而且对于以后保证党的十一届三中全会以来我们党的路线、方针、政策的连续性，保证国家的长治久安，产生了决定性的作用。

在治理整顿的过程中，党中央和国务院做出了加快浦东地区的开发开放的重大决策，这对推进国家的建设产生了重大而深远的影响。这一重大决策是在邓小平直接关心下做出的。1990 年初，邓小平视察上海时，就特别关注浦东。他在回到北京后对中央政治局的同志说，他已经退下来了，但他还有一件事要说一下，那就是上海浦东的开发，同志们要多关心。邓小平还特意要求当时的国务院总理李鹏负责抓一下浦东的开发和上海的发展问题。邓小平在 1990 年 3 月与中央几位负责同志谈到国民经济要保持适当的发展速度并要拿出具体措施时指出："比如抓上海，就算一个大措施。上海是我们的王牌，把上海搞起来是一条捷径。"[①] 正是在邓小平的直接关心下，党中央和国务院对开发浦东进行了专题研究和论证。3 月 28 日至 4 月 8 日，中央政治局常委、国务院副总理姚依林受党中央和国务院的委托，亲率国务院有关部委同志到上海进行调研。姚依林和国务院有关部委负责同志，多次听取了上海市委和市政府负责同志关于上海工作的汇报和浦东开发的基本设想及总体规划的设想，同上海市有关部门就一些重要问题交换了意见，并前往浦东外高桥地区进行实地考察。[②] 姚依林回京后向党中央和国务院做了汇报。随后，党中央、国务院做出了加快浦东开发的决策。

1990 年 4 月 18 日，李鹏在上海大众汽车有限公司成立 5 周年大会上的讲话中正式宣布：中共中央、国务院同意上海市加快浦东地区的开发，在浦东实行经济技术开发区和某些经济特区的政策。[③] 上海市浦东新区是指黄浦江以东、长江以南、川杨河以北的一块三角地，面积 350 平方公里，当时人口 110 万人，已经建了两条连接上海市区的过江隧道，并且正在建设过江的南浦大桥。李鹏在讲话中说："开发浦东、开放浦东，对于上海和全国都是一件具有战略意义的事情。"[④] 以后的实践证明，以浦东开发为龙头，推动长江三角洲的开发，进而辐射

① 《邓小平文选》第三卷，人民出版社 1993 年版，第 355 页。
② 邹昔民、陈毛弟：《浦东开发研究论证提上日程》，《人民日报》1990 年 4 月 9 日。
③ 萧关根：《开发浦东开放浦东》，《人民日报》1990 年 4 月 19 日。
④ 萧关根：《开发浦东开放浦东》，《人民日报》1990 年 4 月 19 日。

内地，对国家建设所起的作用是十分巨大的，非一般经济特区所能相比。

邓小平1991年到上海过春节，在同上海市负责同志谈话时，再次对浦东开发作了重要指示。他说："开发浦东，这个影响就大了，不只是浦东的问题，是关系上海发展的问题，是利用上海这个基地发展长江三角洲和长江流域的问题。抓紧浦东开发，不要动摇，一直到建成。"① 根据党中央、国务院的决策和邓小平的指示，上海市党政领导率领上海人民以极大的热情投入浦东开发，全国各地积极支持和投入浦东开发，世界许多国家也纷纷投资浦东，因而形成了今天举世闻名的"东方明珠"新浦东。

四、社会主义的命运

◎苏、东剧变，给社会主义前途蒙上阴影

◎不改革就是死路一条

◎邓小平说："如果我们基本上实现现代化，那就可以进一步断言社会主义成功"

◎中国向世界昭示：社会主义前景光明

社会主义作为同资本主义对立的一种理论体系和社会制度，毫无疑问是有强大生命力的，并且必然要战胜资本主义，

① 《邓小平文选》第三卷，人民出版社1993年版，第366页。

这是历史发展的总趋势，是人类社会发展的必然规律，已为社会主义发展的实践所证明，也为中国近现代历史所证明。走社会主义道路是中国人民的一种历史性的正确选择。然而，20世纪80年代末和90年代初的社会主义低潮，这使西方资本主义国家当局欣喜若狂，也给全世界拥护社会主义的人们带来了疑惑——社会主义命运到底如何？

1989年至1991年苏联和东欧的社会主义国家相继发生了剧变。这一切的发生并不是社会主义的彻底失败，而是说明社会主义国家固守原有的苏联模式不改革就是死路一条，改革偏离了共产党的领导和社会主义方向也是死路一条。社会主义国家需要的是既要坚持推进改革，又坚持共产党的领导和社会主义的方向。

中国是世界上人口最多的社会主义国家，现在政治稳定，经济繁荣，综合国力迅速提高，人民生活迅速改善，显示了社会主义无限的生机和活力。中国的社会主义充满活力，使人们有足够的理由相信，只要坚持以经济建设为中心，坚持四项基本原则，坚持改革开放，社会主义一定能够成功，这就是中国的经验，这就是中国的结论。中国在经历了“文革”之后，1978年12月召开的党的十一届三中全会确立了正确的思想路线，从而大大解放了人民的思想，开启了改革开放的强国之路。中国是20世纪70年代后最早开始改革的社会主义国家。在改革开放的过程中，由于中国共产党坚定不移地坚持“一个中心，两个基本点”的基本路线不动摇，因而既维护了中国共产党的领导和社会主义制度这个立国之本，又坚持了改革开放这条强国之路。中国的社会主义显示出无限的生机和活力，中国用实践证明：社会主义有光明的前途。

关于世界的社会主义命运，邓小平1989年9月在同几位中央负责同志谈话时说："中国要真正按计划实现第二个翻番，这也是社会主义的一个成功，到下一个世纪50年，如果我们基本上实现现代化，那就可以进一步断言社会主义成功。当然我们不要吹，越发展越要谦虚。但是中国稳住了，而且实现了发展目标，社会主义就显示出优越性。"① "别人的事情我们管不了，只讲一个道理：中国的社会主义是变不了的。中国肯定要沿着自己选择的社会主义道路走到底。谁也压不垮我们。只要中国不垮，世界上就有五分之一的人口在坚持社会主义。"② 1989年10月，邓小平在会见泰国总理差猜时又说："中国搞社会主义，是谁也动摇不了的。我们搞的是中国特色的社会主义，是不断发展社会生产力的社会主义，是主张和平的社会主义。"③

邓小平的论述，是中国共产党对社会主义命运思考得出的科学的理论。正是坚持了共产党的领导和社会主义，才有了坚持党的十一届三中全会以来的路线不动摇，才有了中国改革开放20年以来的翻两番，才有了今天一个强大的中国。中国人民是幸运的。因为有了中国共产党这样成熟的党和邓小平这样的改革开放的总设计师，中国人民才避免了陷入灾难深重的历史大倒退之中，并迅速解决了温饱问题，奔向小康，进而为实现

---

① 《邓小平文选》第三卷，人民出版社1993年版，第320页。
② 《邓小平文选》第三卷，人民出版社1993年版，第320～321页。
③ 《邓小平文选》第三卷，人民出版社1993年版，第328页。

在下一个世纪中叶达到中等发达国家水平而奋斗。只有社会主义才能救中国，只有社会主义才能发展中国，这是中国共产党领导中国人民进行长期的革命和建设得出的基本结论和基本经验。

第二章

春 暖 华 夏

迎风破浪——1992 年的中国

当时间从 20 世纪 80 年代末迈向 20 世纪 90 年代的时候，无论是世界历史还是中国历史，都显示出其复杂性、丰富性和剧变性，这引起了人们对世界命运和中国命运的思考。

一、总设计师的远见卓识

◎《人民日报》社论指出："任何企图干涉中国内政的做法都是徒劳的"

◎邓小平说："西方国家在打一场没有硝烟的第三次世界大战"

◎"坚持改革开放是决定中国命运的一招"

邓小平作为我国改革开放的总设计师，始终关注着世界局势的发展和中国社会主义的前途和命运，考虑如何使中国的现代化建设搞得更好些、更快些。在国际风云变幻的大背景下，在中国改革遇到新的许多困难的情况下，他对如何认识和处理国际和国内问题，提出了一系列正确的观点。

在世界政治格局上，由于 20 世纪 90 年代初的海湾战争，以及苏东剧变，国际上形成了以美国为一极明显强大，其他不强的多极也发挥一定作用的政治新格局，整个世界显示出向多极化方向发展的趋势。西方觉得完全取代社会主义的目标很快就会实现，因而大大加强对中国施压，大力对中国推行“西化”和“分化”的方针，妄图很快颠覆中国，打赢“一场没有硝烟的战争”。西方一位政治家很有影响的一本政治著作《1999——不战而胜》便反映了西方政治家的这种设想和目的。可以说，中国当时遇到了改革开放以来最严重的外部压力。

在世界经济格局上，中国面临的形势也很严峻。西方发达国家凭借它们的政治、经济和科技优势，垄断了国际市场的绝大多数领域，并且制定了许多不利于发展中国家的、不公平的国际经贸政策，使发展中国家在国际贸易中处于十分不利的地位。发达国家动不动还对发展中国家采取制裁措施。比如 1989 年 7 月，美国、加拿大、日本、英国、意大利、法国、联邦德国七国首脑和欧共体主席聚集法国首都巴黎，发表对中国内政横加干涉的政治宣言，并宣布对中国实施多方面的经济制裁。这种宣言显然是不能接受的，理所当然地遭到中国人民的坚决反对和谴责。《人民日报》1989 年 7 月 17 日发表社论，严词批驳了七国首脑会议关于中国的声明。社论指出：

任何企图干涉中国内政的做法都是徒劳的，对于来自任何国家的这种或那种方式的压力，中国政府和人民决不会屈服，相反，这只会激起中国人民艰苦奋斗、自力更生的精神，把自己的国家建设得更好。

中国是一个具有全球战略地位的国家，拥有巨大的现实和潜在的市场。在当今世界经济相互依存日益加深的情况下，那种企图把中国孤立于国际社会之外的短视行为不仅会损害世界的和平和稳定，对西方国家的利益也是有害的。

对国际形势如何看待？邓小平在同几位中央负责同志谈话时指出：

国际形势的变化怎么看？旧的格局是不是已经完了，新的格局是不是已经定了？国际上议论纷纷，国内也有各种意见。看起来，我们过去对国际问题的许多提法，还是站得住的。……和平与发展两大问题，和平问题没有得到解决，发展问题更加严重。

……

对国际形势还要继续观察，有些问题不是一下子看得清楚，总之不能看成一团漆黑，不能认为形势恶化到多么严重的地步，不能把我们说成是处在多么不利的地位。[①]

邓小平尖锐地指出："发达国家欺侮落后国家的政策没有变。"[②]"他们那一套人权、自由、民主，是维护恃强凌弱的强国、富国的利益，维护霸权主义者、强权主义者利益的。"[③] 整个世界局势可能是美苏冷战结束，另外两个冷战又已经开始了。"一个是针对整个南方、第三世界的，另一个是针对社会

① 《邓小平文选》第三卷，人民出版社 1993 年版，第 353、354 页。
② 《邓小平文选》第三卷，人民出版社 1993 年版，第 319 页。
③ 《邓小平文选》第三卷，人民出版社 1993 年版，第 345 页。

主义的。西方国家在打一场没有硝烟的第三次世界大战。所谓没有硝烟，就是要社会主义国家和平演变。”[①]

对西方制裁应采取何种态度问题，邓小平指出：中国不怕制裁，中国要坚决维护自己的国家主权，这一点绝对不能动摇。1989年10月，邓小平在会见泰国总理差猜时说：

> 过去两个超级大国主宰世界，现在情况变了。但是，强权政治在升级，少数几个西方发达国家想垄断世界，这点我们看得很清楚。巴黎七国首脑会议就体现出来了，就是在这个会上决定制裁中国，他们使用经济手段，也使用政治手段，如高级官员不接触。这个东西对中国有什么影响？美国也好，法国也好，他们的决策人至少有两点对中国认识不清。第一，中华人民共和国是打了二十二年仗建立起来的，建国后又进行了三年抗美援朝战争。没有广泛的群众基础，不可能取得胜利。这样一个国家随便就能打倒了？不可能。不但国内没有人有这个本领，国际上也没有人有这个本领，超级大国、富国都没有这个本领。第二，世界上最不怕孤立、最不怕封锁、最不怕制裁的就是中国。建国以后，我们处于被孤立、被封锁、被制裁的地位有几十年之久。但归根结底，没有损害我们多少。为什么？因为中国块头这么大，人口这么多，中国共产党有志气，中国人民有志气。还可以加上一点，外国的侵略、威

① 《邓小平文选》第三卷，人民出版社1993年版，第344页。

胁，会激发起中国人民团结、爱国、爱社会主义、爱共产党的热情，同时也使我们更清醒。[①]

政治风波后严峻的国际形势下中国应采取什么外交方针？邓小平提出：冷静观察、稳住阵脚、沉着应付、决不当头、有所作为。邓小平的这一外交方针是在特定形势下对和平共处五项原则的具体运用。在当时的国际形势下，“冷静观察”“稳住阵脚”“沉着应付”是十分必要的，因为形势发展变化之快让人难以预料，“国际形势不可测的因素多得很，矛盾越来越突出”[②]，只有做到这 20 个字才能避免失误，才能使外交工作处于主动地位。“决不当头”，则可以减少阻力和难以承受的负担。邓小平与当时中央的几位负责同志说：“第三世界有一些国家希望中国当头。但是我们千万不要当头，这是一个根本国策。这个头我们当不起，自己力量也不够。当了绝无好处，许多主动都失掉了。”[③] 邓小平还指出，不当头，并不是无所作为，“还是要有所作为，作什么？我看要积极推动建立国际政治经济新秩序”[④]。对于中国长期的外交原则和方针，邓小平指出：和平共处五项原则仍是中国的外交基本原则，要与世界各国发展友好关系。1990 年 3 月，邓小平对几位中央负责同志谈话时指出：

① 《邓小平文选》第三卷，人民出版社 1993 年版，第 329 页。
② 《邓小平文选》第三卷，人民出版社 1993 年版，第 363 页。
③ 《邓小平文选》第三卷，人民出版社 1993 年版，第 363 页。
④ 《邓小平文选》第三卷，人民出版社 1993 年版，第 363 页。

还是要坚持同所有国家都来往，对苏联对美国都要加强来往。不管苏联怎么变化，我们都要同它在和平共处五项原则的基础上从容地发展关系，包括政治关系，不搞意识形态的争论。①

邓小平在 1990 年 7 月会见加拿大前总理特鲁多时又说：

尽管东欧、苏联出了问题，尽管西方七国制裁我们，我们坚持一个方针：同苏联继续打交道，搞好关系；同美国继续打交道，搞好关系；同日本、欧洲国家也继续打交道，搞好关系。这一方针，一天都没有动摇过。中国度量是够大的，这点小风波吹不倒我们。②

邓小平对国际形势的正确判断和对中国外交工作提出的方针政策，为中国打破西方的制裁，广泛发展同世界各国的友好关系，创造了有利于我国四个现代化建设的国际环境，起了决定性的作用。

党的十三大后，国家的改革开放加快了步伐，开始着手解决改革过程中遇到的一系列根本问题，这就必然要进行各类结构的调整，必然会引起收入分配方面比例的变化，引发一些社会矛盾。这在改革的过程中是难以完全避免的。

1988 年下半年国家开始治理整顿。这一整顿取得了重大

① 《邓小平文选》第三卷，人民出版社 1993 年版，第 353 页。
② 《邓小平文选》第三卷，人民出版社 1993 年版，第 359 页。

的成绩，但也出现了不少的问题。这些问题主要有：一是经济发展的速度慢了。二是在一些人的观念上“左”的观念固态复萌，而且因为某些媒体的宣传对许多人产生了影响。三是改革中的一些深层次问题没有解决，并且越来越尖锐地凸现出来，如经济体制改革的根本取向是什么就是其中之一。说到底，这些问题都关系到中国社会主义的命运，对这些问题如何看待、如何解决，是事关全局的根本性问题。

邓小平审时度势，以其伟大政治家和战略家的睿智，做出了科学的分析，指出了问题的实质和解决问题的关键，做出了历史性的结论。这不仅对纠正当时出现的阵阵“左”的思潮起了重大作用，对保证三年治理整顿任务的顺利完成起了决定性作用，而且还为以后的改革开放提供了具有长远性指导意义的战略思想。

邓小平认为，很多问题从根本上解决都取决于中国经济要有较快的发展速度，不能光强调稳。这个问题是他在治理整顿时期讲得最多的问题。早在党中央决定要对经济环境和经济秩序进行治理整顿之时的1988年9月，邓小平在听取关于价格和工资改革初步方案汇报时就说过：“我赞成边改革、边治理环境整顿秩序。要创造良好的环境，使改革能够顺利进行。”“但是，治理通货膨胀、价格上涨，无论如何不能损害我们的改革开放政策，不能使经济萎缩，要保持适当的发展速度。”[①]事实证明，邓小平的担心是有道理的。1989年，我国的国民

① 《邓小平文选》第三卷，人民出版社1993年版，第277页。

经济增长率为3.9%，当然这不是经济衰退，是压缩一些效益不大和重复建设项目，以及调整经济结构所引起的，但也反映出了一些问题。经济发展速度过低的问题引起了邓小平对经济发展速度的进一步关注。

邓小平总结了世界上一些国家出现问题的深刻教训，一针见血地指出：

世界上一些国家发生问题，从根本上说，就是因为经济上不去，没有饭吃，没有衣穿，工资增长被通货膨胀抵消，生活水平下降，长期过紧日子。①

邓小平还强调，要保证稳定的政治环境，保持较高的经济增长速度。他说：

最根本的因素，还是经济增长速度，而且要体现在人民的生活逐步地好起来。人民看到稳定带来的实在的好处，看到现行制度、政策的好处，这样才能真正稳定下来。不论国际大气候怎样变化，只要我们争得了这一条，就稳如泰山。②

邓小平还具体地指出提高经济速度的思想方法问题：

① 《邓小平文选》第三卷，人民出版社1993年版，第354页。
② 《邓小平文选》第三卷，人民出版社1993年版，第355页。

> 要实现适当的发展速度，不能只在眼前事务里面打圈子，要用宏观战略的眼光分析问题，拿出具体措施。机会要抓住，决策要及时，要研究一下哪些地方条件更好，可以更广大地开源。①

邓小平在治理整顿时期考虑比较多的第二个重大问题，是如何坚持改革开放不动摇的问题。1989 年 5 月，邓小平与中央两位负责同志谈话时强调指出："改革开放政策不变，几十年不变，一直讲到底。国际国内都很关心这个问题。"② 他特别指出：

> 一个好班子，搞改革开放的班子，就要明白地做几件开放的事情。凡是遇到机会就不要丢，就是要坚持，要干起来，要体现改革开放，大开放。我过去说过要再造几个"香港"，就是说我们要开放，不能收，要比过去更开放。不开放就发展不起来。我们本钱少，但可以通过开放，增加就业，搞税收，利用地皮得点钱，带动发展各行各业，增加财政收入，获得益处。以香港为例，对我们就是有益处的。如果没有香港，起码我们信息就不灵通。总之，改革开放要更大胆些。③

① 《邓小平文选》第三卷，人民出版社 1993 年版，第 355 页。
② 《邓小平文选》第三卷，人民出版社 1993 年版，第 296 页。
③ 《邓小平文选》第三卷，人民出版社 1993 年版，第 297 页。

邓小平在事情出现苗头的时候，在人们可能因消极吸取教训而放慢改革开放步伐的时候，在一部分人力图以反对资产阶级自由化为借口，阻止改革开放，甚至否定以前改革开放路线和成绩的时候，就鲜明地提出改革开放不仅不能停止，反而“改革开放要更大胆一些”，是有很强针对性的，是有强烈现实性的。由于邓小平的这次内部讲话，没有在媒体宣传和报道，而其后不久反自由化的宣传报道几乎占据了媒体的主导地位，因而使人们多少有点觉得改革开放要收了。加上当时社会上有一部分人把改革开放过程中出现的腐败现象和西方的一些消极影响，等同于改革开放本身，甚至将引进外资等同于引进资本主义；认为市场调节也是资本主义的，反西方的“和平演变”才是主要任务，对一些坚决坚持改革开放的人扣上坚持资产阶级自由化的大帽子，使改革开放进程几乎停顿了下来。针对这一情况，邓小平强调指出：

改革开放这个基本点错了没有？没有错。没有改革开放，怎么会有今天？这十年人民生活水平有较大提高，应该说我们上了一个台阶，尽管出现了通货膨胀等问题，但十年改革开放的成绩要充分估计够。①

在 1989 年 12 月 1 日，邓小平接见日本国际贸易促进协会访华团主要成员时又强调：“如果放弃改革开放，就等于放弃

① 《邓小平文选》第三卷，人民出版社 1993 年版，第 306 页。

我们的根本发展战略。”①

虽然有邓小平的一再告诫和强调，但因为当时有一些党政干部过分注重政治稳定，在工作中或多或少地把改革开放与政治稳定对立起来，过分强调稳定压倒一切，没能使邓小平的思想得到全面的贯彻执行，特别是在部分省部级干部中没有得到全面贯彻执行。一些省部级干部仍然把反“和平演变”作为主要任务，有意无意地忽视改革开放；有些省部级干部怕犯错误，求稳怕乱，也放慢或停止改革开放的步伐。

针对国内出现的一些人对改革开放的不正确的态度以及经济发展速度偏低等重大问题，邓小平在1990年12月召见中央几位负责同志谈话时指出：

> 我们必须从理论上搞懂，资本主义与社会主义的区分不在于是计划还是市场这样的问题。社会主义也有市场经济，资本主义也有计划控制。资本主义就没有控制，就那么自由？最惠国待遇也是控制嘛！不要以为搞点市场经济就是资本主义道路，没有那么回事。计划和市场都得要。不搞市场，连世界上的信息都不知道，是自甘落后。
>
> ……改革开放越前进，承担和抵抗风险的能力就越强。我们处理问题，要完全没有风险不可能，冒点风险不怕。②

① 《邓小平文选》第三卷，人民出版社1993年版，第347页。

② 《邓小平文选》第三卷，人民出版社1993年版，第364页。

在该次讲话一个月后，邓小平针对部分人和部分部门对改革开放不热心的问题再次强调："改革开放还要讲，我们党还要讲几十年。会有不同意见，但那也是出于好意，一是不习惯，二是怕，怕出问题。光我一个人说话还不够，我们党要说话，要说几十年。"① 从邓小平这一段话看来，邓小平已经深深地感到，一段时期以来，全党对改革开放讲得少了，因而对改革开放要多加宣传，要全党宣传，要坚持长期宣传。邓小平的这席话确实使人警醒。1991 年 8 月，邓小平在与几位中央负责同志谈话时讲得更深刻："坚持改革开放是决定中国命运的一招。这方面道理也要讲够。""特别要注意，根本的一条是改革开放不能丢，坚持改革开放才能抓住时机上台阶。"②

邓小平认为，保持社会稳定要与坚持改革开放结合起来，两者是相辅相成的而不是对立的。要保持社会稳定，一是要坚持四项基本原则，二是要坚持改革开放。这两条缺一条也不可。邓小平指出，稳定的政治环境能否存在，主要因素取决于是否有较高的增长速度；而要取得较高的发展速度，主要是坚持改革开放不动摇。

二、邓小平视察南方

◎1991 年春深情论开放

◎皇甫平"羊年四论"

① 《邓小平文选》第三卷，人民出版社 1993 年版，第 367 页。
② 《邓小平文选》第三卷，人民出版社 1993 年版，第 368 页。

◎历史巨人纵论天下事

◎不胫而走的“消息”

面对国际风云的剧烈变化，尤其是苏联、东欧历史性的剧变，面对中国改革开放以来从未出现过的国内政治经济生活的严峻局面，邓小平总结过去，思考未来，提出坚持十一届三中全会以来的正确方针、路线和政策不动摇以及一些将中国社会主义推向前进新的观点，引起了当时党中央领导的高度重视，并在工作中努力加以贯彻，使全国的政治、经济、外交等各项工作基本在正确的轨道上前进，并取得了显著的成绩。但是，不能不指出的是，由于当时的客观形势和理论界一些人的误导，以及西方突然对中国施加强大的政治经济压力，使当时国内的许多人消极地接受教训，对改革开放动摇和犹豫起来，使邓小平的正确观点和主张在层层贯彻中大打折扣，因而在经过三年的治理整顿后，仍有一些问题亟待解决。中国在1991年经济发展的速度虽然达到7%，但仍不理想。邓小平这时已经在他自己坚决要求下从领导岗位上退了下来，虽然已经近90高龄，但作为一个时刻关心中国特色社会主义命运和中国现代化建设的老共产党人，他挺身而出，把中国重新推上改革开放的快车道，为实现中华民族在21世纪中叶达到中等发达国家的水平作最后的努力。

从20世纪80年代末开始，几乎每一个冬天邓小平都要去上海过春节，看一看上海这个南中国经济中心的建设情况。应该说，邓小平对上海的工作是很满意的，对上海寄予了很大的希望，并把上海作为全国的一个重要的特定地区来看，进而考虑全国的问题。正是他 1990 年春节到上海，决定开发浦东，使浦东成为中国长江流域对外开放的龙头，才使上海今天有了世界大都市的基本格局。

上海人民对邓小平同志感情很深，每年春节都希望邓小平来到上海，一是希望他来看看上海的新变化，二是希望他给上海的改革开放做出新的指示。因为邓小平每年春节来到上海，都会对上海的改革开放提出希望和宝贵的意见。上海人民怎能忘啊，1991 年那个春天，小平同志来到上海考察时，对上海的改革开放作出了一系列重要指示，不仅对上海加快改革开放有十分重要的意义，而且对加快全国改革开放也有十分重要的指导意义。邓小平是以很深的感情和深切的希望阐述对外开放的。通过邓小平那年春天在上海的谈话，我们看到这位世纪巨人的头脑中萦绕的，是通过改革开放使中国富强起来的强烈愿望。

在那次谈话中，邓小平指出了浦东开发的重大意义，要求上海“抓紧浦东开发，不要动摇，一直到建成”①。他精辟地指出，现代金融在现代经济中处于核心地位，“金融搞好了，一着棋活，全盘皆活”。上海在国家金融建设方面应该发挥重要作用，“中国在金融方面取得国际地位，首先要靠上海”②。

因此，邓小平同志明确指出，要把上海的浦东逐步建设成为中国的国际金融中心。邓小平在这次讲话中强调指出，计划

① 《邓小平文选》第三卷，人民出版社 1993 年版，第 366 页。
② 《邓小平文选》第三卷，人民出版社 1993 年版，第 366～367 页。

和市场“两者都是手段，市场也可以为社会主义服务”[①]。邓小平这段话，是党的十四大明确做出把建立市场经济体制作为经济体制改革取向决策的理论先导。邓小平在这次谈话中，又再次强调：“开放不坚决不行，现在还有好多障碍阻挡着我们……发展经济，不开放是很难搞起来的。”[②] 邓小平还举例说，世界各国的经济发展都要搞开放，西方国家在资金和技术上就是互相融合、交流的。邓小平在这次谈话中号召上海，“要克服一个怕字，要有骨气。什么事情总要有人试第一个，才能开拓新路。试第一个就要准备失败，失败也不要紧。希望上海人民思想更解放一点，胆子更大一点，步子更快一点”[③]。

1991 年春天，邓小平来到上海，对加快上海的改革开放作了一系列重要指示，激发了上海党政领导和上海人民加快推进上海改革开放的极大热情，他们认为要加快推进改革开放，首先要进一步解放思想。因此，在上海市市委领导和市委宣传部以及解放日报社领导的直接指导下，上海的解放日报社三位同志以“皇甫平”的名义，根据邓小平 1991 年春天在上海谈话的精神，于 1991 年 2 月 15 日至 4 月 12 日先后在《解放日报》发表了四篇社论。在当时全国绝大多数媒体过分强调稳定，并大力渲染“和平演变”是当时主要危险的情况下，这几篇在中国农历羊年发表的被史家们称为“羊年四论”的社论，在当时中国起了一种振聋发聩的作用，给全国吹去了一股清新

① 《邓小平文选》第三卷，人民出版社 1993 年版，第 367 页。
② 《邓小平文选》第三卷，人民出版社 1993 年版，第 367 页。
③ 《邓小平文选》第三卷，人民出版社 1993 年版，第 367 页。

之风。

“羊年四论”的首篇是《做改革开放的“带头羊”》，亮出了上海人民在改革开放中敢试敢闯的决心。文章充满感情又意味深长地写道：“庚午马年去了，辛未羊年来了。亲爱的读者，当我们称颂‘三羊开泰’之际，当我们互祝吉祥如意之时，您是否想到，我们正处在一个意味深长的历史交替点上。”文章接着在对改革开放带来的巨大成就进行了回顾后指出，今后的12年改革开放的步子应比前一个12年更大：12年一个“轮回”，回首往事，上一个羊年——1979年，正是党的十一届三中全会之后开创中国改革新纪元的一年。“12年改革开放，今天，当我们步入又一个羊年之际，我们已经胜利地实现了四化第一步战略目标，基本解决了几千年来缠绕着亿万中国人民的温饱问题。抚今追昔，历史雄辩地证明，改革开放是强国富民的唯一道路，没有改革就没有中国人民美好的今天和更加美好的明天！”文章接着跳出12年一个轮回的时间框子，以60年一“甲子”为尺度，在将前一个“甲子”之时1931年中国人民的血泪和屈辱，这一个“甲子”走上社会主义道路和改革开放取得的巨大成就，和下一个“甲子”之时的2051年美好的前景进行了对比后指出：“下一个‘甲子’，中国将要达到中等发达国家的水平，人均国民生产总值达4000美元，为实现这一目标，今后的60年，必然是中国人民不断改革、探索、开拓、创新的60年，是不断开放的60年。”

该文鲜明地指出，“辛未羊年，对于上海来说，应当是一个‘改革年’”，表明了上海1991年要在邓小平理论的指引下加速改革开放的决心。文章提出一个鲜明的论断："何以解忧，唯有改革。"文章向上海人民发出号召：

> 改革开放是我们须臾不可分离的法宝，改革开放是上海摆脱困境，求得振兴的唯一出路。在历史性"改革年"中，我们要把改革开放的旗帜举得更高。我们要进一步解放思想，突破任何一种僵滞的思维方式的束缚，以改革开放贯穿全年，总揽全局，建立与国际性经济中心城市相适应的社会主义商品经济新格局。我们各级干部，要以改革的姿态，振奋精神，敢冒风险，敢为天下先，走前人没有走过的路，做改革开放的"带头羊"。我们要在全党全民中深入开展深化改革意识的再教育，普及社会主义商品经济和科学的政治民主观念，形成深化改革、扩大开放的新的全民共识，造就上海崭新的改革开放的舆论环境。

该文中提出的几个问题是很有针对性的，也是极富鼓动性和创见性的。特别是文章最后提出的要"造就上海崭新的改革开放舆论环境"，更是引起人们的深思。上面这些富有号召性的观点与当时全国改革开放声音微弱的现状大相径庭，因而受到一些人的责难。特别是使"皇甫平"受到很大压力的是来自北京的一些刊物的批评和责难。但是"皇甫平"有邓小平谈话为据，并没有被吓住，而是勇往直前。在半个月后的 1991 年 3 月 2 日，又发表了《改革开放要有新思路》一文，比 2 月 15 日文章强调改革开放的重要性的内容更向前推进了一步，为加快改革开放的步伐再次鼓与呼，在理论界和新闻界再投一石。

文章开门见山地提出："思想解放要进入新境界，改革开放要开拓新思路，经济建设要开创新局面。"该文这样的提法，在当时可称为空谷足音，因此获得了一些希望把改革开放推向前进的人们的喝彩，也引起一些人的担心和质疑：上海有权力提这些问题吗？上海把自己摆在什么位置上？等等。该文的中心思想是"改革开放要有新思路"，而"思想解放要有新境界"是前提，只有有了这一前提，才会有改革开放的新思路。8 年来实践证明上述观点是正确的。如果干任何事都要问一下姓"社"姓"资"，而且一旦与人们以前习惯理解的传统的社会主义观点不符，就被扣上走资本主义的大帽子，人们连已有的改革开放观念和措施都难以坚持下去，哪里还谈得上有改革开放的新思路呢？而没有改革开放的新思路，哪里能开创经济建设的新局面呢？

该文笔锋一转论述道："研究新情况、探索新思路，关键在于要进一步解放思想。"文章没有提邓小平同志的名，但直接亮出了邓小平同志的观点："计划和市场只是资源配置的两种手段和形式，而不是划分社会主义与资本主义的标志。资本主义有计划，社会主义有市场。"文章特别强调："这种科学认识的获得，正是我们在社会主义商品经济问题上又一次重大的思想解放。"

文章最后说："总之，进一步解放思想，是保证我们完成第二步战略目标的必要条件"，上海的各级党委和每个党支部，都来鼓励支持党员和群众"勇于思考、勇于探索、勇于创新，都来做促进群众解放思想、开动脑筋的工作”。

“皇甫平”在3月2日文章发表掀起波澜后的3月22日，又发重炮——《扩大开放的意识要更强些》。文章一开头就写道：“增强扩大开放意识的问题，比任何时候都紧迫地放在我们面前。”文章接着写道：“邓小平同志对90年代上海的开放寄予厚望，上海要把改革开放的旗帜举得更高，浦东开发要更快更好更大胆，这是90年代赋予上海的历史重任。”文章指出，就上海来说，增强开放意识就是要求进一步解放思想，抛弃任何一种保守、僵滞、封闭的观念，形成与一个先进的国际城市相称的开放型软环境。文章又一次强调，20世纪90年代上海的开放要迈大步子，必须要有一系列崭新的思路，敢于冒点风险，做前人没有做过的事。文章认为，对于浦东开发的好多问题，如果仍然囿于姓“社”姓“资”的诘难，只能坐失良机。“总之，封闭陷于落后，开放导致兴旺，这是我国40多年经济发展史的基本结论。”“很显然，在90年代新形势下，有没有强烈的开放意识，成为有没有深层改革意识的重要试金石，增加扩大开放意识，实质也是改革意识的再教育、再深化。”

1991年4月12日，“皇甫平”发表了第四篇文章，也即是“羊年四论”的最后一篇文章，对培养、选拔、任用大批德才兼备的中青年干部的重要性作了论述。文章提出了看一个干部是否德才兼备的标准：

> 归根到底是看他在坚持四项基本原则基础上对社会主

义建设做出的实际贡献。也就是既坚持四项基本原则，又热心于改革开放；既忠诚于马克思主义，又精通各自业务；既坚定地献身于社会主义，又深切地了解当代资本主义；既有很强的原则性，又有高度的灵活性；既有任劳任怨的奉献精神，又有永不衰竭的进取精神；既有清晰的宏观思维，又有可贵的实干；既能坚持集中统一，又勇于独立负责。

该文对任好选好用好大批德才兼备的干部提出了几条明确要求：一是要大胆，二是要不拘一格用人才，三是选干部要发扬民主，把人民公认是坚持改革开放并有政绩的人，大胆地放进新的领导机构里。

“皇甫平”的四篇社论，全部围绕加快改革开放展开论述，从论述敢为天下先，做勇于改革开放的“带头羊”，到论述改革开放要有新思路，再论述扩大开放的意识要更强些，直至最后论述加快推进改革开放要有组织保证，层层推进，论证严密，使读到它的绝大多数人很受启发，深受激励。但“皇甫平”的“羊年四论”在发表后直至 1992 年初，在新闻媒体和理论界却一直处于被讨伐的境地。一些报刊登载的批“皇甫平”的文章，打着维护社会主义、坚持社会主义道路的幌子，气势很盛。这反映了当时中国政治环境的一个重要侧面。

这一耐人寻味的情况，当然引起了邓小平的重视，他觉得确确实实有必要大张旗鼓地发起第二次思想解放的浪潮，要力挽狂澜，掀起第二次改革开放的高潮。

邓小平认为，必须要在党的十四大召开前使全党在如何建设中国特色社会主义，怎样加快建设中国特色社会主义等一系列根本问题上达成共识，在党的十四大上对十三大党的基本路线重新肯定，对十三大以来产生的一些关于改革开放的新观点予以肯定，以争取社会主义千秋大业的光明前途。

只有作为中国改革开放的总设计师、中共第二代领导集体的核心、在全国人民心目中享有崇高威信的邓小平，才有可能将改革开放推向新阶段。邓小平在经过深思熟虑之后，在1992年的初春，先后到了武昌、深圳、珠海、上海等地，边作考察边作谈话，主要是在深圳和珠海围绕什么是社会主义、怎样建设社会主义这两个核心问题，作了一系列重要论述。邓小平这次视察南方的重要谈话被人们通称为“南方谈话”。邓小平视察南方的重要谈话，是指引着中国人民沿着中国特色的社会主义道路高歌猛进的指南。

第一，邓小平在视察南方的重要谈话中强调，要坚持党的基本路线一百年不动摇。

路线问题，特别是党的基本路线，是关系到党的命运和社会主义事业成败的核心问题。党的路线就是党的主要行动纲领，就是一面旗帜。制定一条好的正确的路线不容易，是要经过许多成功与曲折，甚至经历一些失败，付出长期和惨重的代价后，才能制定出来的。而这条路线一经制定出来，并经实践反复检验是正确的，就应该坚持不动摇，并且长期坚持下去，才能把党从事的事业推向前进。邓小平说：“在短短的十几年，我们国家发展得这么快，使人民高兴，世界瞩目，这就足以证明三中全会以来路线、方针、政策的正确性，谁想变也变不了。说过去说过来，就是一句话，坚持这个路线、方针、政策不变。”[①] 邓小平讲这些话是有很强的针对性的，在当时社会上确有一股否定改革开放的社会思潮，也有一股否定四项基本原则的思潮，已经产生了不可低估的影响。因此，邓小平要求全党：

> 要坚持党的十一届三中全会以来的路线、方针、政策，关键是坚持“一个中心，两个基本点”。不坚持社会主义，不改革开放，不发展经济，不改善人民生活，只能是死路一条。基本路线要管一百年，动摇不得。[②]

第二，邓小平在视察南方的重要谈话中阐述要坚持党的基本路线长期不动摇时，重点讲到了要坚持改革开放。

> 革命是解放生产力，改革也是解放生产力。……社会主义基本制度建立以后，还要从根本上改变束缚生产力发展的经济体制，建立起充满生机和活力的社会主义经济体制，促进生产力的发展，这是改革，所以改革也是解放生产力。过去，只讲在社会主义条件下发展生产力，没有讲还要通过改革解放生产力，不完全。应该把解放生产力和

① 《邓小平文选》第三卷，人民出版社 1993 年版，第 371 页。
② 《邓小平文选》第三卷，人民出版社 1993 年版，第 370 页。

发展生产力两个讲全了。[①]

第三，邓小平在视察南方的重要谈话讲到改革开放时，特别强调要敢闯，如果不敢闯，改革开放也是搞不好的。“没有一点闯的精神，没有一点‘冒’的精神，没有一股气呀、劲呀，就走不出一条好路，走不出一条好路，就干不出新的事业。”[②]

很显然，邓小平把能否大胆改革开放，看作是能够走出一条中国特色社会主义道路的根本问题，他把能否在改革开放方面大胆地试、大胆地闯，上升到相当高的政治高度，认为搞改革开放敢不敢“闯”，事关中国的前途命运。只有大胆地闯大胆地试，建设中国式社会主义的经验才会一天比一天丰富。

邓小平在分析改革开放迈不开步子的原因时，一针见血地指出：说来说去就是怕资本主义的东西多了，走了资本主义道路。要害是姓“资”还是姓“社”的问题。[③] 对于改革开放成败得失的判断标准，应该主要看是否有利于发展社会主义社会的生产力，是否有利于增强社会主义国家的综合国力，是否有利于提高人民的生活水平。[④]

邓小平依据这三条标准指出，“特区姓‘社’不姓‘资’”。他说：“对办特区，一开始就有不同意见，担心是不是搞资本

① 《邓小平文选》第三卷，人民出版社 1993 年版，第 370 页。
② 《邓小平文选》第三卷，人民出版社 1993 年版，第 372 页。
③ 《邓小平文选》第三卷，人民出版社 1993 年版，第 372 页。
④ 《邓小平文选》第三卷，人民出版社 1993 年版，第 372 页。

主义。深圳的建设成就，明确回答了那些有这样那样担心的人。”[①] 邓小平为了进一步消除人们对加快改革开放的疑虑，以深圳为例，说明了国家吸收外资对社会主义是有好处的：

> 从深圳的情况看，公有制是主体，外商投资只占四分之一，就是外资部分，我们还可以从税收、劳务等方面得到益处嘛！多搞点“三资”企业，不要怕。只要我们头脑清醒，就不怕。我们有优势，有国营大中型企业，有乡镇企业，更重要的是政权在我们手里。[②]

邓小平在谈话中还批驳了那些认为多一分外资就是多一分资本主义，“三资”企业多了，就是资本主义多了，就是发展资本主义的人，“连基本常识都没有”。邓小平指出：按照现行的法规政策，外商总是要赚些钱，但更主要的是“三资”企业给国家带来了好处：国家还要拿回税收，工人还要拿回工资，我们还可以学习技术和管理，还可以得到信息、打开市场。因此，“三资”企业受到我国整个政治、经济条件的制约，是社会主义经济的有益补充，归根到底是有利于社会主义的。[③]

邓小平认为，要加快改革开放必须彻底打破束缚人们头脑中对每走一步都要考虑一下姓“社”姓“资”的忧虑，必须准确说明什么是社会主义，必须揭示社会主义的本质。因而邓小

① 《邓小平文选》第三卷，人民出版社 1993 年版，第 372 页。
② 《邓小平文选》第三卷，人民出版社 1993 年版，第 372 页。
③ 《邓小平文选》第三卷，人民出版社 1993 年版，第 373 页。

平 1992 年 1 月 22 日在深圳迎宾馆与广东和深圳的领导谈话中概括了社会主义的本质。邓小平指出：

社会主义的本质，是解放生产力，发展生产力，消灭剥削，消除两极分化，最终达到共同富裕。①

基于对社会主义本质这样的认识，邓小平鲜明地指出：

计划多一点还是市场多一点，不是社会主义与资本主义的本质区别。计划经济不等于社会主义，资本主义也有计划；市场经济不等于资本主义，社会主义也有市场。②

邓小平的这一论述与他在 70 年代末和 80 年代初关于市场经济性质和作用的一系列观点是一脉相承的，是进一步的发展。

从十一届三中全会后进行的一系列经济体制改革，实际上都是一步步走向市场经济体制的，不过只是邓小平关于市场经济的论述一开始并没有被全党认识，也没有公开写在党的文件上。这说明对一个重大的、正确的、具有决定性意义的观点的接受，有一个过程。这次邓小平关于计划和市场的论述，为全党大张旗鼓地进行以市场经济体制为改革取向的经济体制改

① 陈锡添：《东方风来满眼春——邓小平同志在深圳纪实》，《深圳特区报》1992 年 3 月 26 日。

② 《邓小平文选》第三卷，人民出版社 1993 年版，第 373 页。

革，奠定了理论基础。邓小平关于社会主义本质和市场与计划的论述，极大地解放了人们的思想。只要符合社会主义的本质，就可以大胆地干，而社会主义的本质又被邓小平概括得如此清晰可见，人们心里有了底。市场也是经济手段，社会主义也可以用。如此明确的论断，使一切希望加快中国特色社会主义建设的人们，对改革开放的信心和决心大大增加了。

邓小平为了进一步解开束缚改革开放步伐的枷锁，还专门讲到了防“左”的问题。他指出：

> 现在，有右的东西影响我们，也有“左”的东西影响我们，根深蒂固的还是“左”的东西。……中国要警惕右，但主要是防止“左”。[①]

邓小平这一论断指出了当时中国政治气候和舆论环境的症结之所在，为人们大胆地解放思想注入了强大的动力。

第四，邓小平在视察南方的重要谈话中，强调了经济发展速度的问题。

邓小平指出：“抓住时机，发展自己，关键是发展经济。”[②]邓小平认为：“要抓住机会，现在就是好机会。”[③] 邓小平是在对当时国际形势科学分析和比较的基础上，结合中国当时的实际，看待抓住时机发展自己问题的。应该说，制定并坚持一条

① 《邓小平文选》第三卷，人民出版社 1993 年版，第 375 页。
② 《邓小平文选》第三卷，人民出版社 1993 年版，第 375 页。
③ 《邓小平文选》第三卷，人民出版社 1993 年版，第 375 页。

正确的路线，采取正确的步骤，抓住时机，尽最大的努力，争取经济发展的较高速度，实现预期的在下一个世纪中叶达到中等发达国家水平的雄心壮志，是邓小平的一贯思想。他是最讲实事求是的，他认为不应盲目追求高速度，但他认为也绝不应放弃加速发展国家经济的机遇而放慢经济发展速度。“所以，能发展就不要阻挡，有条件的地方要尽可能搞快点，只要是讲效益，讲质量，搞外向型经济，就没有什么可以担心的。低速度就等于停步，甚至等于后退。要抓住机会，现在就是好机会。我就担心丧失机会。不抓呀，看到的机会就丢掉了，时间一晃就过去了。”[①]

邓小平指出，我国的经济发展，总要力争几年上一个台阶，而且也可以办到，这是一个规律。1984 年至 1989 年 5 年间，国家经济就上了一个大台阶。他指出：

> 从国际经验来看，一些国家在发展过程中，都曾经有过高速发展时期，或若干高速发展阶段。日本、南朝鲜、东南亚一些国家和地区，就是如此。现在我们国内条件具备，国际环境有利，再加上发挥社会主义制度能够集中力量办大事的优势，在今后的现代化建设长过程中，出现若干个发展速度比较快、效益比较好的阶段，是必要的，也是能够办到的。我们就是要有这个雄心壮志！[②]

① 《邓小平文选》第三卷，人民出版社 1993 年版，第 375 页。
② 《邓小平文选》第三卷，人民出版社 1993 年版，第 377 页。

对于如何实现经济快一点发展，邓小平指出："必须依靠科技和教育。"邓小平历来对教育、科技十分重视。1988 年 9 月他就提出了"科学技术是第一生产力"的著名论断。这是对马克思主义关于科学技术是生产力观点的一个重大发展。现在世界经济和科技的发展越来越证明，邓小平这一论断是无比正确的，这一论断对推动我国科技和经济的发展起了重大的作用。邓小平在这次视察南方的重要谈话中再次强调了科技和教育对发展经济的重大作用，更加发人深省。邓小平说：

> 近一二十年来，世界科学技术发展得多快啊！高科技领域的一个突破，带动一批产业的发展。我们自己这几年，离开科学技术能增长得这么快吗？要提倡科学，靠科学才有希望。①

邓小平还充满深情地说：

> 搞科技，越高越好，越新越好。越高越新，我们也就越高兴。不只我们高兴，人民高兴，国家高兴。②

邓小平在讲到科技和教育的极端重要性时还强调："老科学家、中年科学家很重要，青年科学家也很重要。"他还特地讲到对出国学习人员应采取的正确态度："希望所有的出国学

① 《邓小平文选》第三卷，人民出版社 1993 年版，第 377～378 页。
② 《邓小平文选》第三卷，人民出版社 1993 年版，第 378 页。

习的人回来。不管他们过去的政治态度怎么样，都可以回来，回来后妥善安排。这个政策不能变。”[①]

第五，邓小平在视察南方的重要谈话中，强调要两手抓，两手都要硬。

邓小平指出，在建设中国特色社会主义的整个过程中，“要坚持两手抓，一手抓改革开放，一手抓打击各种犯罪活动。这两手都要硬”[②]。对各种犯罪活动和各种丑恶现象，不能手软。搞中国特色的社会主义，不仅经济要上去，社会风气和社会秩序也要搞好。

邓小平在谈话中指出，要一手抓改革开放，一手抓反对腐败，“在整个改革开放过程中都要反对腐败”[③]。为了反对腐败，必须把廉政建设作为大事来抓。反腐败要靠法制。

邓小平要求全党，在整个改革开放过程中，必须始终坚持四项基本原则。邓小平说，社会主义建设必须靠人民民主专政来保卫，这没有输理的地方，巩固和发展社会主义制度更需要几代人、十几代人，甚至几十代人坚持不懈地努力奋斗，决不能掉以轻心。

第六，邓小平在视察南方的重要谈话中告诫全党，中国问题的关键是选好人。

邓小平指出：“中国的事情能不能办好，社会主义的改革开放能不能坚持，经济能不能快一点发展起来，国家能不能长

① 《邓小平文选》第三卷，人民出版社 1993 年版，第 378 页。
② 《邓小平文选》第三卷，人民出版社 1993 年版，第 378 页。
③ 《邓小平文选》第三卷，人民出版社 1993 年版，第 380 页。

治久安，从一定意义上说，关键在人。”邓小平所说的人当然是全党、全军、全国人民，要教育好他们，但主要是指共产党员。共产党内部要不出问题，因为中国共产党是执政党，“中国要出问题，还是出在共产党内部”[①]。因此，邓小平强调要培养好、选拔好党的干部，要按照“革命化、年轻化、知识化、专业化”的标准，选拔德才兼备的人进班子。他指出：

我们说党的基本路线要管一百年，要长治久安，就要靠这一条。真正关系到大局的是这个事。这是眼前的一个问题，并不是已经顺利解决了，希望解决得好。[②]

邓小平为了使全党高度重视这个问题，再次谈道：

我在一九八九年五月底还说过，现在就是要选人民公认是坚持改革开放路线并有政绩的人，大胆地放进新的领导机构里，使人民感到我们真心诚意搞改革开放。[③]

邓小平在谈话中对党的干部提出要讲实事求是，要坚持实事求是，无论是革命和建设的成功，都是靠实事求是，“实事求是”是马克思主义的精髓。

第七，邓小平在视察南方的重要谈话中论述了社会主义必

① 《邓小平文选》第三卷，人民出版社 1993 年版，第 380 页。
② 《邓小平文选》第三卷，人民出版社 1993 年版，第 380 页。
③ 《邓小平文选》第三卷，人民出版社 1993 年版，第 380～381 页。

然代替资本主义，“这是历史发展不可逆转的总趋势，但道路是曲折的”①。

邓小平说：资本主义发展了几百年，我们干社会主义才多长时间！何况我们还耽误了20年。一些国家出现严重挫折，社会主义好像被削弱了，但人民经受锻炼，从中吸取教训，将促使社会主义向着更加健康的方向发展。邓小平要求全党从现在起到下一个世纪中叶，要埋头苦干，我们肩膀上的担子重，责任大！邓小平讲这些话，是向全党指出社会发展规律，要求全党结合中国的社会主义实践，推动世界社会主义运动的发展。

第八，邓小平在视察南方的重要谈话中指出，和平与发展仍是世界的两大主题。

邓小平在视察南方的重要谈话中谈到社会主义的前途时，还对世界局势进行了分析，认为在和平与发展仍是世界的两大主题的情况下，中国应该用自己的实践证明中国是维护世界和平的坚定力量，中国反对霸权主义和强权政治，永不称霸。

邓小平视察南方的重要谈话，不仅涉及以前建设中国特色社会主义的几乎所有重大问题，并进一步作了更加明确的概括和叙述，深化了他原有的理论，而且在分析了新情况的基础上回答了新问题，提出了新观点，把中国特色社会主义理论推向了一个新的阶段。因此，邓小平视察南方的重要谈话，是邓小平建设中国特色社会主义理论的集大成之作，是新一轮解放思

① 《邓小平文选》第三卷，人民出版社1993年版，第382～383页。

想的动员令，是推动建设中国特色社会主义进入新阶段的宣言书，其重大意义是十分深远的。邓小平视察南方的重要谈话的部分内容，是在东欧和苏联发生历史性的剧变，世界社会主义遭受了十分严重的挫折，西方对中国的压力空前加大，中国国内“左”的思潮在一些舆论的领域占据了主导地位，改革开放遇到了前所未有的困难和挑战的情况下，首先通过香港等地区媒体公开报道而披露的，在全国乃至世界上迅速引起了强烈的反响。

邓小平视察南方的重要谈话的内容，通过香港的媒体迅速传向全国各地和海外。在国内，邓小平视察南方的重要谈话迅速成为消息灵通人士，进而成为知识阶层，甚至许多普通城市居民交谈的重要内容。

邓小平视察南方的重要谈话不胫而走后，中国大地改革开放春雷声声，春潮阵阵，中国进入了改革开放的第二个春天。

三、政治局全体会议议大政

◎中央政治局全体会议召开

◎“中枢”决策

◎雷厉风行地贯彻

邓小平视察南方的重要谈话的内容开始陆续传向北京。尽管邓小平还没有回到北京，中共中央领导同志，特别是在京的政治局委员已经在认真学习和深刻领会邓小平重要谈话的内容，而不在北京的中央政治局委员们随后也开始学习和领会邓小平的重要谈话。在有关领导同志的建议下，中共中央高层决定召开一次非例行的政治局全体会议，在各政治局委员分别学习邓小平视察南方的重要谈话的基础上，集中学习和讨论邓小平的谈话，进而深刻理解邓小平谈话，并根据邓小平谈话精神，讨论我国改革和发展的若干重大问题，作出有关决定，为党的十四大定调。鉴于这样的考虑，在邓小平视察南方重要谈话一个月后，中共中央在各中央政治局委员深刻理解邓小平重要谈话的基础上，举行了政治局全体会议。

中共中央政治局全体会议是3月9日至10日在北京召开的。这次会议结束后，没有像以前中央会议那样立即作报道，而是在经过两天对会议精神进行认真概括后，于3月12日才在媒体上予以报道。3月的政治局会议，根据邓小平视察南方的重要谈话精神对事关中国特色社会主义前途命运的一系列重大问题做出了决策，并向全党提出了明确的要求。

第一，3月政治局全体会议抓住党的路线这个事关一切重大问题的最重大问题，作了决定。会议强调：

> 必须坚定不移地贯彻党的“一个中心，两个基本点”的基本路线。抓住当前有利时机，加快改革开放的步伐，集中精力把国民经济搞上去，沿着中国特色社会主义道路前进。

会议认为，之所以要坚持这一条基本路线，是由我们建设社会主义是解放和发展生产力这一根本任务所决定的。正是因为始终不渝地坚持了这条路线，在党的十一届三中全会以来，社会主义的中国才发生了巨大的变化，这是“我们党带领亿万人民在实践中得出的最为宝贵的经验”。因此，“牢牢把握党的‘一个中心、两个基本点’的基本路线，一百年不动摇，国家就能长治久安，中国就大有希望”①。

第二，3 月政治局会议着重强调了改革开放的胆子要大一些的问题。会议强调：“改革开放的胆子要大些，勇于创新，敢于试验。”会议肯定了邓小平视察南方谈话中有关“三个有利于”标准、计划和市场都是手段、大胆吸收和借鉴人类创造的一切文明成果等方面的论述。会议高度肯定了邓小平所说的判断姓“社”姓“资”，应该主要看是否有利于发展社会主义社会的生产力，是否有利于增强社会主义国家的综合国力，是否有利于提高人民的生活水平。看准了的，就大胆地试，大胆地闯。计划和市场都是手段。要大胆吸收和借鉴当今世界各国包括西方发达国家先进的经营方式和管理方式。

第三，3 月政治局会议还着重指出，要抓住当前的有利时机，加快经济发展速度。会议指出，把经济搞上去，对巩固和发展社会主义，有着特殊重要的意义。要认清形势，把握机遇，真抓实干，依靠科技和教育，力争经济几年上一个台阶。

第四，3 月政治局会议强调，坚持党的基本路线，加快改革和建设步伐，关键在于狠抓落实。必须“深入调查研究，确

① 以上引文均见新华社北京 3 月 11 日电：《江泽民主持中共中央政治局全体会议讨论我国改革和发展若干重大问题》，《人民日报》1992 年 3 月 12 日。

定今后一个时期的战略思想和政策主张”。

第五，3月政治局会议号召全党，特别是各级领导干部，要认真学习邓小平同志关于建设有中国特色社会主义的一系列重要论述，进一步提高全面贯彻党的基本路线的自觉性。会议告诫全党：“要警惕右，但主要是防止‘左’”[①]，要坚持两手抓。会议号召全党团结在以江泽民同志为核心的党中央周围，以改革和建设的优异成绩，迎接党的十四大的胜利召开。

新华社、《人民日报》对党中央3月政治局会议的公开报道，虽然只字未提邓小平视察南方发表重要谈话的事，但报道的会议内容表明，邓小平视察南方的重要谈话的主要精神全部被会议接受。会议反复提出，要“认真学习邓小平同志关于建设有中国特色社会主义的一系列重要论述”。

3月中央政治局会议后，除新华社和《人民日报》公开报道了会议内容外，其他媒体也相继转载了会议情况的报道。3月13日，《人民日报》发表了《认真学习深刻领会狠抓落实》的社论，宣传政治局会议精神。

3月14日下午，中共中央在中南海举行党外人士座谈会，向各民主党派、全国工商联负责人士通报了3月9日至3月10日中央政治局全体会议精神，并请到会的党外人士就我国改革和发展的若干重大问题发表意见和建议。在通报会上，各民主党派的领导人相继作了发言，表示拥护中共中央政治局的决策，作为参政党，将竭尽全力做出自己的贡献。一些党外人士

① 新华社北京3月11日电：《江泽民主持中共中央政治局全体会议讨论我国改革和发展若干重大问题》，《人民日报》1992年3月12日。

还就发展经济、深化改革、扩大开放等问题，提出了建设性意见。

中共中央3月政治局会议，以及全国各地认真学习和贯彻中央政治局会议精神后，邓小平视察南方的重要谈话的精神被贯彻到了全国，为“两会”的胜利召开，为邓小平视察南方的重要谈话精神转化为国家意志和全国人民意志作了充分的准备。

四、新闻界、理论界的鼓与呼

◎猴年八评

◎八论敢闯

◎《东方风来满眼春》

◎《南海春潮》

◎理论界的评说

邓小平视察南方重要讲话的主要内容是在深圳对广东省和深圳市的领导同志讲的，因而广东和深圳的领导同志是最先知道邓小平重要谈话主要内容的。因此，深圳在宣传邓小平视察南方重要谈话精神方面率先进行。

2月20日，中国传统的元宵节刚过，正月十七，人民群众已从春节欢乐活动中走出来，投入新的一年工作中去。就从这时开始，深圳特区市委机关报《深圳特区报》，以猴年新春评论的名义，在16天内连续发表了8篇评论，宣传和阐发邓小平视察南方重要讲话的精神。这些文章后来被史家称为“猴年八评”。这时，邓小平视察南方的重要谈话还没有公开发表，邓小平是一个退休老人，不担任任何职务，中央没有开会，中央领导人也没有表态要宣传邓小平的谈话，中央政治局全体会议还没有召开，因而深圳当时这样做是要冒一定风险的。

八评之一：《扭住中心不放》。

该评指出，深圳的经济“在讲求效益的基础上能高速度就高速度，深圳因为改革开放狠抓经济建设才有了今天”。评论的作者充满激情地写道：

> 中央要深圳特区当好建设有中国特色社会主义的排头兵，我们更要抓住经济建设这个中心不放。贫穷不是社会主义，社会主义的根本任务是发展生产力。生产大发展，并日益满足人们不断增长的物质和文化的需要，这才是国家富强、人民富裕，中国特色的社会主义的样子。积数十年正反两方面的经验，中国建设社会主义，必须全面贯彻“一个中心、两个基本点”的基本路线。一个中心，就是以经济建设为中心。这个路线不能变，也不会变，至少要管一百年。一百年以后，再让世人看看深圳、看看中国吧！①

该评指出：

① 《深圳特区报》1992年2月20日。

经济发展，人民生活改善，带来的必然是人心稳定，政治稳定，社会稳定。总之，经济是社会稳定、发展的坚实基础。

该评在层层作了论述后进一步指出：

只要我们现实一点看问题，就会发现，当前我国社会各种矛盾的根源，都与经济这个基础有关，各种社会问题的解决都有赖于把经济搞上去。经济发展了，国力增强了，各种问题都好迎刃而解。……所有一切工作，都要围绕经济建设这个中心，服从服务于这个中心，而不能离开和干扰这个中心。①

八评之二：《要搞快一点》。

该评提出，深圳有着各方面的有利条件，改革开放的步伐要快一点，经济建设的速度要快一点，搞快一点是完全有可能的。如果不搞快一点，就会落后，就有违经济特区的使命，有负党和国家的期望。该评强调，我们固然不可超越客观可能，盲目追求高速度，造成经济过热、效益下降，但也绝不能放松主观努力，不去争取本来可以实现的高速度。

该评指出：要搞得快一点，关键是要有一种勇于进取的精神状态。要抓紧现在有利的机遇，加快发展步伐。“失掉了现

① 《深圳特区报》1992年2月20日。

在，也就没有了未来。”[①] 该评将邓小平在深圳谈话中强调改革开放的步伐要快一点，经济过几年要上一个台阶的思想，作了生动阐述。

八评之三：《要敢闯》。

该评开头即指出，深圳取得举世瞩目成就的经验，就是敢闯。接着该评对“敢闯”的内容作了阐述：

> 敢闯，就是在改革开放的实践中，敢于闯不合时宜的政策法规的“禁区”；敢于闯前人未曾涉足的“盲区”；敢于闯矛盾错综复杂令人望而却步的“难区”。最终，闯出中国特色的社会主义。[②]

该评列举了深圳一系列敢闯而取得成功的例子后写道：“可以说，深圳所有改革成果，无一不是冒着种种风险、克服重重困难闯出来的。”[③] 该评用毋庸置疑、饱含激情的语气说：敢闯就是敢于实事求是。……敢闯，就不要怕犯错误。该评最后以激昂的语调说：“闯，是人类进行曲的主旋律。前进的人们，闯吧！”[④]

该评以深圳特区敢闯为例，通过层层论证，把邓小平的改革开放要敢闯、敢于试验的讲话精神，作了详尽的、明确的

---

① 《深圳特区报》1992年2月22日。
② 《深圳特区报》1992年2月24日。
③ 《深圳特区报》1992年2月24日。
④ 《深圳特区报》1992年2月24日。

阐述。

八评之四：《多干实事》。

该评以深圳为例，阐述了邓小平在深圳的谈话中提出的多干实事的观点，说明了多干实事的极端重要性。该评说："深圳发展这么快，有了这么多高楼大厦，不是靠讲话讲出来的，不是靠写文章写出来的，而是靠实干干出来的。"该评指出："现在，全国的大政方针已定，深圳的发展蓝图已定，关键是要真抓实干，狠抓各项工作的落实。"该评批评了文山会海一类的形式主义，要求领导干部到基层去，到群众中去，调查研究，为群众多办实事。该评提醒深圳人，"多干实事，就要谦虚谨慎，切不可有了一点成绩就忘乎所以，到处张扬，吹嘘自己"。"空谈误国，实干兴邦"[①]。

该评阐述了邓小平在深圳谈话中强调的要干实事和多做少说的观点。

八评之五：《两只手都要硬》。

该评写道："一条腿则不行，一手操则不坚。走路要两条腿，抓工作要两只手。在推进改革开放的大业中，要一手抓改革开放，一手抓打击各种犯罪活动。两只手都要硬。"[②] 该评以我党历史为例，说明"两手抓"是我党的基本工作方法。深圳是改革的试验场，体制转换跨度大，利益调整幅度大，旧的体制已经或正在打破，新的体制尚未完善或有待配套，存在许多漏洞，这就给犯罪分子造成可乘之机，因而必须两手抓，两手

① 《深圳特区报》1992 年 2 月 26 日。

② 《深圳特区报》1992 年 2 月 28 日。

都要硬。

该评引用古代名言“锄一害而众苗生，刑一恶而万民悦”，再次强调了打击刑事犯罪的重要性。

八评之六：《共产党能消灭腐败》。

该评将邓小平在深圳谈话中的反腐败精神作了阐述。该评先以历史为例说明，共产党能够消灭腐败；接着指出，在改革开放的今天，社会上的腐败现象必然要渗透到党内来，党内也会有腐败现象产生，但腐败分子只是极少数。尽管如此，打击决不能手软。反腐败大得人心。反腐败要靠自律，更要靠法制。

该评最后指出，反腐败不能毕其功于一役，而是一要坚决，二要持久，一以贯之。

八评之七：《稳定是个大前提》。

该评条分缕析地论述了邓小平在深圳谈话中谈到的稳定问题。该评指出，“太平才能盛世”。没有稳定，什么都干不成。历史上乱的教训深刻。“如果再乱，没有的不会有，已经有的也会失掉。”①

该评强调，稳定是大局，我们要以全局观念维护稳定。同时该评指出：“我们提倡的稳定，是政治稳定，社会稳定，不是经济工作的四平八稳、平平静静、一潭死水。”②

该评还分析了稳定与发展的辩证关系：

---

① 《深圳特区报》1992年3月4日。
② 《深圳特区报》1992年3月4日。

无论政治稳定，社会稳定，还是工作中的稳定、协调，都是为进中求稳，稳中求进。稳定是相对的，发展是永恒的。稳定是为了发展，发展才是硬道理，是社会主义建设的主题。没有发展，也就没有长期的稳定。这就是我们的稳定观。①

八评之八：《我们只能走社会主义道路》。

该评指出：一些曾经是社会主义的国家，之所以剧变，是因为社会主义的路没有走好，而中国一片政通人和、欣欣向荣的景象，说明中国走社会主义的路走对了，走得好。文章还指出，走社会主义道路是人民的选择，是历史的选择，中国走上社会主义道路后，用世界上7%的土地，养活了世界上22%的人口，而且在国际舞台上担当重要的角色，说明这条路走对了。政治风波后中国坚持社会主义道路，保持了国家的长治久安，证明了坚持社会主义动摇不得。

该评同时指出，我们走社会主义道路，不是固定僵化的社会主义模式，社会主义需要不断改革，需要吸收一切符合现代化大生产规律的先进经营方式、管理方法。“资本主义的一些东西可以用，资本主义道路不能走。”②《深圳特区报》以本报编辑部的名义发表的，观点鲜明、文风清新、充满改革开放激情的八评，是在邓小平视察南方发表重要谈话而谈话内容还没有公开披露的情况下发表的，因而在海内外引起了强烈的反

① 《深圳特区报》1992年3月4日。
② 《深圳特区报》1992年3月6日。

响。该组评论的题目在《深圳特区报》上一预告，敏感的香港新闻界就认为，“这是一个值得注意的事件”，“此举表明，中国今年在加快改革方面将会有一系列新的、令人注目的举动”。香港的《文汇报》在头版头条位置发表了前两篇评论，香港的《大公报》在显著位置发表了前四篇评论的详细内容，上述两报还摘发了其余各篇的主要论点。香港的《东方日报》《快报》《新报》等报纸和新加坡的《联合早报》等传媒，都作了报道，介绍了八评的主要论点。日本、英国等海外传媒来电索要八评全文。国内的媒体对八评也很重视，《人民日报》全文转载了八评中的第一篇，《南方日报》等报刊介绍了八评的主要内容。

深圳人，在深圳市委机关刊物《深圳特区报》发表了“猴年八评”，从八个方面论述了邓小平在深圳谈话的主要内容后，觉得言犹未尽，又在深圳市政府的机关报《深圳商报》上，从3月12日至4月3日不到一个月的时间内，连续发表了八篇文章——“八论敢闯”。文章进一步宣传邓小平在深圳谈话的精神，特别重点宣传了邓小平在深圳考察时对广东省委和深圳市委领导讲的——“深圳的重要经验就是敢闯”的思想，对深圳改革开放以来闯的经历进行了总结，并上升到一定的理性高度进行了分析。这八论各有侧重和特色，对促进人们进一步解放思想来说也起了积极作用。

八论之一：《为进一步解放思想鸣炮——一论敢闯》。

该论开笔就首先提出：“闯，就是要改革，就是解放生产力，发展生产力。”接着在论述了思想解放是推进改革开放的前提条件后强调：“当前的问题是，我们的思想要再解放一点。”深圳面临的新问题很多，没有现成的经验，依然要闯许多“禁区”“盲区”和“难区”，“不进一步解放思想怎么能成?”

该论鲜明地指出，“解放思想，贵在无畏”，并围绕这个问题进行了论述。解放思想首先要去掉“怕”字，对专挑别人毛病的人和“左视眼”批评敢闯者的人散布的流言蜚语，完全可以不争论，不理睬，让事实给其有益的教训。该论指出，“改革者就是要敢闯险阻，否则还叫什么改革者？要闯关，要改革，就可能偶存失误。这是前进中的问题，改了就是。何况出以公心，集思广益，还不一定会犯错误”。该论还指出：“解放思想，必须甩掉包袱。”该论指出，“国际市场风起云涌，千帆竞发，各国都在寻求机遇，处处在谋求发展。深圳可谓前有重重关山待越，后有兄弟地区追赶，任重道远，可不自勉乎，可不自勉乎!”

该论还指出：“思想解放是所有敢闯的先驱们共同的可贵品质。”

该论最后呼吁：“让我们为进一步解放思想鸣炮!”[①]

八论之二：《快马再加鞭——二论敢闯》。

该论开门见山地亮出了主要论点：“闯，是英勇的行动，果敢的突破。快，是闯的题中应有之义。”该论紧紧围绕一个“快”字，展开了多方面的论述。该论指出，快马加鞭是时代对深圳的要求，而且现在也有这个条件：深圳经过 11 年的发

① 以上引文均见《深圳商报》1992 年 3 月 12 日。

展，涌现出了一批敢闯敢干的优秀人才，事业兴旺，战略思路明确；从国际上来看，西方某些国家经济衰退，亚太地区相对稳定，我国同周边国家的睦邻关系更加巩固，全球性的高科技浪潮方兴未艾，全国治理整顿工作业已完成，经济开始步入新的发展时期，因此完全可以乘势猛进。

该论论述了深圳应从哪些方面加快：一是要集中力量，迅速突破制约深圳当前发展的热点、难点问题；二是要能高速度就高速度，力争过几年上一个台阶；三是要高速度的同时要有好的效益；四是依靠科技和教育，全面提高劳动者的素质；五是要克服满足现状、左顾右盼、不思迈大步的心态。该论在论述要快的同时指出，我们强调的快，不是盲目的快，而是速度和效益的统一。该论号召，“深圳，响鼓要重锤，快马再加鞭!”[①]

八论之三：《防右更防“左”——三论敢闯》。

该论围绕敢闯必须防右更要防“左”这个主题，阐述了为什么防“左”是主要的。因为，“左”的东西由来已久，根深蒂固，“左”的东西曾使我们党和党的事业遭受过十分严重的挫折；因为十一届三中全会以来“左”的东西时隐时现，一些人的思想深处仍把“左”看作比右好；因为“左”比右更有迷惑性和恐吓性。该论尖锐地指出，“左”和右对社会主义的危害是“异曲同工”，对右我们是要防止的，对此不能含糊。但在改革开放方兴之时，深化和扩大之时，主要是防“左”。

① 《深圳商报》1992年3月13日。

该论最后充满激情地写道："恶竹应须斩万根，新松方能高千尺。防右更防'左'，闯的信心才会倍增，闯的步伐才能矫健！"①

八论之四：《实事求是贵在敢——四论敢闯》。

该论系统地阐述了"敢"与实事求是的关系。该论指出："实事求是贵在'敢'。"实事求是的重要性早为人们所熟知，但在工作实际中要做到是十分不易的，其中有不愿者，有不能者，有不敢者。"推其要者，为不敢。"因此，没有"敢"的精神，没有"闯"的锐气，实事求是只能成为堂皇时髦的标签，安于现状的遁词。实事求是，需要直面现实的勇气。实事求是地将理论付诸实践，更要冲破重重阻力，更要提倡一个"敢"字。可以说，十一届三中全会取得的各项成就都是与坚持实事求是密切相连的，而实事求是又是与一个"敢"字相连的，没有一个"敢"字，也就没法实事求是。

该论最后指出："中国当前最大的实事求是是什么？就是坚持以经济为中心。能不能、敢不敢抓住这个中心不放，是对能否继续坚持党的思想路线的严峻考验。"②

八论之五：《敢用他山之石——五论敢闯》。

该论紧扣"敢用他山之石"的论点，逐层展开论述。该论指出："敢闯，要有打开国门走出去的魄力，更要有敢用他山之石的勇气。"敢用他山之石，就要更大胆吸收和借鉴人类社会创造的一切文明成果，包括资本主义对我有用的东西。这是

① 《深圳商报》1992年3月16日。
② 《深圳商报》1992年3月20日。

我国对外开放的重要内容。该论指出，中国的先进分子拿来了马克思主义，夺取了革命的胜利。社会主义本质是开放的，对资本主义国家适应现代化大生产规律的经营方式和管理方法，对资本主义国家的技术可以拿来，对资本主义国家的资金可以拿来。该论还分析了不敢用他山之石的原因：一是担心打开窗子后“蚊子”和“苍蝇”飞进来，二是对用他山之石姓“社”姓“资”的考虑。针对这些担心和考虑，该文坚定地指出：“海纳百川方能成其大。敢闯的人们，完全应该理直气壮地、勇敢地拿来他山之石，去攻社会主义现代化之玉。”①

八论之六：《险处敢登攀——六论敢闯》。

该论紧扣要敢于攀登险峰，层层论述了“闯就是要于艰险之处见精神”。改革开放作为探索中前进的伟业，每前进一步，都要冒风险，今天要深化改革扩大开放，则更加有风险。对待风险，改革者的态度是藐视它、正视它、征服它，要改革，要探索，要力争经济建设过几年上一个台阶，就要越是艰险越向前。否则，社会主义事业就会失败，一些社会主义国家剧变、解体就是前车之鉴。

该论在论述要敢于冒风险的同时，也论述了敢闯艰险，不意味着蛮闯、盲闯，而是认真学习，分析险情，把握规律，科学地去闯。该论最后引用邓小平 1979 年 4 月对指示广东省委负责人在广东办特区时说的“杀出一条血路”的话作号召，要求“不畏艰险，勇于登攀”②。

① 以上引文均见《深圳商报》1992 年 3 月 24 日。

② 《深圳商报》1992 年 3 月 27 日。

八论之七：《胸怀大局才敢闯——七论敢闯》。

该论指出，“胸怀大局才敢闯”。这个大局就是坚持改革开放，因为它关乎社会主义的前途命运。胸怀大局，才能敢于自主决策、主动出击。正是因为胸怀大局，才有深圳的今天，深圳为全国服务，就更应坚韧不拔地闯下去，闯出更多可供全国借鉴的经验。该论最后以“不为浮云遮望眼，全局在胸勇者胜”一语结束全文。

该文指出，敢闯不敢闯从根本上来说，是头脑中有没有大局的问题，这就道出了问题的要害。

八论之八：《借鉴香港互利共荣——八论敢闯》。

该论是八论中的最后一论，以借鉴香港为题，自有其深意。该论指出，借鉴香港，是敢用他山之石的战略举措，是对更高层次的对外开放和模式的探索。对于全国深化改革、扩大开放，对于实现“一国两制”的构想，都有深远意义。以中国之大，光有一个香港是不够的，需要多个香港，才能带动整个国家经济迅速发展。因此，深圳借鉴香港，就是把深圳建成一个社会主义的“香港”。要敢于借鉴香港的成功经验，敢于借鉴香港的自由港经济模式。该论指出：我们造一个“香港”，绝不会也不可能取代香港，而只能促进深港两地的互利互荣，就如同南京长江大桥的建成，丝毫改变不了武汉长江大桥车水马龙的局面。该论最后以“天道嘉勇，天道酬勤”一语作结，表达了深圳人勇往直前的大无畏精神。

《深圳商报》的八论，紧扣“敢闯”展开论述，从做到“敢闯”的条件（解放思想），敢闯的要求（快马加鞭，防右更防“左”，敢用他山之石，敢于登攀，胸怀大局），“敢闯”与实事求是的关系，到“敢闯”的目的（闯出深港两地长期互利的局面）等各个方面展开了系统论述，使人耳目一新，为之振奋。八论敢闯的多数篇章发表在邓小平视察南方的重要谈话公开发表之前，其对邓小平视察南方的重要谈话的宣传也起了一定的作用。

在《深圳商报》八论即将结束之时，《深圳特区报》发表了该报记者陈锡添的长篇报道《东方风来满眼春——邓小平同志在深圳纪实》，第一次公开地、较为系统地介绍了邓小平在深圳的主要活动和讲话的主要内容。虽然《深圳特区报》的八评和《深圳商报》的八论阐述了邓小平在深圳谈话的主要内容，但由于都未公开说“八评”和“八论”阐述的是邓小平视察南方重要讲话的内容，更未公开注明引用邓小平在深圳的讲话，因而陈锡添的这篇长文是对邓小平视察深圳重要谈话的首次正式公开披露。因而，该文立即引起了全国媒体和海外媒体的注意，均予以了全文转载或摘要报道。海内外这时才普遍知道了邓小平视察深圳谈话的主要内容。

在陈锡添的《东方风来满眼春》发表 20 天后，《羊城晚报》在 1992 年 4 月 17 日发表了朱涛的《南海春潮——记邓小平同志在珠海》的长篇报道，报道了邓小平 1992 年 1 月底在珠海经济特区的主要活动和发表谈话的主要内容。这篇报道发表后，《瞭望》（海外版）进行了报道。

该报道虽然没有陈锡添的《东方风来满眼春》那篇影响大，但该文第一次公开披露了邓小平在珠海的重要谈话内容，因而也是很有新闻价值的报道。邓小平在珠海的谈话强调，改革开放的成功，靠的不是书本，而是实践，靠实事求是；要提倡科学，靠科学才有希望，要不断造就人才，只要有人才，事业就兴旺，从中国出去的科学工作者，都很怀念祖国，要把他们吸引回来；谁反对改革开放，谁就垮台。

邓小平视察南方的重要谈话的主要内容在报纸上公开披露后，各种媒体和许多理论刊物纷纷发表文章，宣传和研究邓小平的谈话。中国人民大学教授方生在 1992 年 2 月 23 日和 4 月 20 日先后发表于《人民日报》的《对外开放和利用资本主义》与《再论对外开放和利用资本主义》两文，就是当时较有代表性的文章。《再论对外开放和利用资本主义》一文写道："是否正确地利用资本主义，即利用资本主义社会中一切对我有用的东西为社会主义建设服务，是涉及社会主义事业能否顺利发展的一个原则问题，是关系到能否全面贯彻执行党的基本路线的一个重要问题。"许多出版社还出版了宣传和研究邓小平视察南方重要讲话的著作，对全国掀起学习邓小平理论的热潮，起了积极的推动作用。其中，中国广播电视出版社 1992 年 7 月出版的《大潮新起——邓小平南巡前前后后》、中共中央党校出版社 1992 年 5 月出版的《认真学习邓小平同志重要谈话》等书，在当时都对宣传和研究邓小平视察南方的重要谈话，对推动深化改革、扩大开放，起了积极的作用。

第三章

九 州 共 识

迎风破浪——1992 年的中国

邓小平视察南方的重要谈话，大大地推动了人们的思想解放，全国各地纷纷研究实行加快改革开放的措施，纷纷开始考虑如何加快经济的发展，出现了热气腾腾的蓬勃向上的气势。就是在这样的背景下，从3月底至4月初，全国人大和全国政协七届五次全会在北京举行。群贤毕集，共商国是，通过“两会”，邓小平视察南方的重要谈话和3月政治局会议的精神，落实到了政府的工作报告中，变成了国家意志，变为了全国各阶层的自觉行动。

一、共同的企盼

◎《政府工作报告》振奋人心

◎“两会”其他报告深得代表赞同

◎海外媒体的报道和评价

3月18日，也就是在3月上旬政治局全体会议统一了中央决策层的意见后的第8天，全国政协七届五次会议在北京隆重开幕，各地代表共2000多人出席了会议。会议首先听取了洪学智作的报告，并就全国人大七届五次会议要做出审议和决策的若干重大问题进行了讨论。3月20日，全国人大七届五次会议在北京隆重开幕。这两个会议，备受海内外的广泛关注。

七届人大第五次会议上的《政府工作报告》指出，必须把握以下各点：一是紧紧抓住经济建设这个中心不放，坚持改革开放，坚持四项基本原则，保持社会稳定，坚持两手抓，树立务实作风。报告特别提出，要加快改革步伐，扩大对外开放。加快改革开放的关键在于各级干部进一步提高贯彻执行党的基本路线的自觉性，要警惕右，但主要是防止“左”。在加快开放方面，报告提出，在继续搞好现有老特区和新近批准建立的新特区的基础上，要将上海浦东新区作为今后10年开放开发的重点。报告不仅从整体上贯彻了邓小平视察南方的重要谈话的精神，而且在很多重要问题上还直接引用邓小平视察南方的重要谈话的内容。

洪学智代表全国政协在七届全国政协五次会议上作的报告，论述了政协1992年的工作任务，强调政协要为“加快改革步伐，扩大对外开放，促进国民经济持续、稳定、协调发展积极贡献力量”，并把这一条作为全国政协的首要任务。洪学智的报告，得到政协与会代表的一致拥护。1992年3月28日，全国政协七届五次会议还通过了政治决议。决议表示，完全赞同和拥护中共中央政治局全体会议精神和邓小平同志关于建设中国特色社会主义的一系列重要论述。

全国人大会议通过了邹家华副总理作的《关于1991年国民经济和社会发展计划执行情况与1992年计划草案的报告》。该报告在列举了1992年六项重点计划安排时，强调“进一步扩大开放的广度和深度，是安排1992年计划的一个重要着眼点”。报告还就加快经济体制改革的步伐问题做了说明。因此，在广泛吸收代表们的意见后通过的这个报告，充满了改革开放的精神，得到了代表们的拥护。

“两会”情况，被海外媒体作了广泛的报道，得到了很好的评价，对外国了解中国的经济形势和改革开放的方针政策起了积极作用。在“两会”先后开始之时和整个“两会”期间和“两会”之后，港澳台媒体对“两会”的报道分外积极。3 月 18 日全国政协七届五次会议一开幕，当日的香港《新报》即报道了全国政协副主席洪学智受李先念主席委托所做报告的有关内容，称该报告的基调是改革开放。刚结束的全国人大常委会通过的全国人大的报告，也加进了邓小平视察南方的重要谈话的许多内容。3 月 21 日，该报发表的题为《民主、求实、团结、鼓劲》的评论称，七届人大五次会议是在邓小平视察南方的重要谈话后刮起“邓旋风”的情况下召开的一次会议，使人们对这次会议怀有特殊的期待之情。《澳门日报》3 月 21 日报道：李鹏总理的报告强调中国现时发展经济的时机十分有利，“一定要抓紧时机，集中力量，进一步加快国民经济的发展”。该报道还赞许中国在理论上取得了重大的突破，明确区分了姓“社”姓“资”的标准，确认计划经济与市场经济都是手段，这对改革开放的深化和扩大，对推动生产力的发展，增强综合国力，将起到巨大和积极的作用。鼓励大胆解放思想和探索，会使新的创造层出不穷。

外国的媒体在“两会”召开之前和“两会”期间以及“两会”之后，对“两会”的有关消息予以广泛报道。“两会”之前，法国的《费加罗报》，就曾以“中国改革开放的春天来临了”为题，报道了中国即将召开全国人代会的有关情况。在“两会”举行期间，海外媒体持续对“两会”加以报道，对“两会”作了很高的评价。英国的媒体认为，“两会”将全面贯彻邓小平提出的改革开放路线，中国今后将坚持“一个中心、两个基本点”，“把发展生产力作为建设社会主义的根本任务”①。新加坡《联合早报》在中国人代会闭幕的第二天即发表文章，称“两会”期间是“春满北京城”，中国的“明天会更好”②。“两会”结束后，外国媒体对“两会”取得的成果也作了报道。例如法国 4 月 4 日出版的《欧洲时报》认为：这次“两会”的主要成果是进一步确立了邓小平关于建设中国特色社会主义的思想，代表和委员们在“解放思想，加快改革，扩大开放的思路上得到共识。这个强国富民的政策，已被十多年的实践证明是正确的，反映了大多数民众的心声”③。

二、会内议政与会外反响

◎政协委员进言献策

◎人大代表参政议政

◎圈内圈外评“两会”

自改革开放以来每年的春天，全国各地的“两会”代表会

① 《外国舆论重视我国两会召开》，《人民日报》1992 年 3 月 21 日。
② 新华社新加坡 4 月 4 日电：《中国的明天会更好》，《人民日报》1992 年 4 月 5 日。
③ 《人民日报》1992 年 4 月 5 日。

集北京，与党和国家领导人共商国是，民主气氛十分浓厚。“两会”代表代表人民的心愿、代表人民的利益讲话，是政府了解民意的主要对象。更由于全国人大全体会议还要就一年的国家大事做出决策，因而也备受海内外关注。1992 年的“两会”不同于往年，这次会议是在邓小平年初视察南方就中国的改革和开放中的一系列重大问题发表重要谈话后，在 3 月上旬中共中央政治局全体会议就中国的改革和发展若干重大问题进行研究后，全国正在掀起改革开放热潮的情况下进行的，因而“两会”代表参政议政的热情分外高涨，发表意见充分，媒体报道也分外周详。

中国共产党领导的多党合作和政治协商制度，是当代中国的一项根本政治制度，对当代中国的政治运作，特别是对改革开放以来国家决策的科学化、民主化起着重大的作用。全国政协集中了全国各民主党派和各阶层、各民族的精英人物，因而是国家的智力库。全国政协的代表们来自各个行业，了解各个行业的情况，了解各个行业的民意，因而能够反映人民的心声，能提出真知灼见。因此，政协委员会的许多提案都受到全国人大以及党和国家领导人的高度重视。中共中央和国务院领导为了更好地贯彻政治协商的原则并取得良好的效果，往往采取事先协商的办法，在重大决策之时听取政协委员们的意见。

在全国政协会议和全国人大召开之前的 3 月 15 日，中共中央召开了党外人士座谈会，一方面通报 3 月上旬的中共中央政治局全体会议的精神，一方面请到会的党外人士就我国改革和发展的若干重大问题发表意见。“党外人士在座谈会上畅所欲言，各抒己见，全国工商联主席荣毅仁、民建中央主席孙起孟、致公党主席董寅初、民革中央副主席袁清源、台盟中央主席团主席蔡子民、民盟中央副主席钱伟长、民进中央主席雷洁琼、农工党中央主席卢嘉锡、九三学社中央副主席徐采栋、全国工商联副主席王光英先后在座谈会上发言。”①

七届全国政协五次会议召开后和七届全国人大五次会议开幕后，政协代表就国家大事纷纷建言献策。从3月18日七届全国政协五次会议开始到3月24日下午5时议案收集工作止，政协提案组收到提案1682件，可见“委员们的参政、议政的热情，是近几年中最高的”②。

作为全国政协重要组成部分的各民主党派，在“两会”期间的参政、议政活动十分踊跃，许多政协委员发表了真知灼见。有的是作为个人发言的，有的是代表所在党派中央发言的。

著名科学家、原中国科学院院长、农工民主党中央主席卢嘉锡在3月25日的政协大会发言中，就如何落实邓小平科学技术是第一生产力的指导思想，谈了自己的看法：（一）提高对科学技术是第一生产力的认识，增强科技的意识。首先领导干部要解决思想认识问题，并把发展科学技术和发展经济依靠科技进步的各种措施纳入各级领导机关的议事日程。（二）深化改革，充分发挥第一生产力的作用。发达国家经济发展依靠

① 新华社北京3月15日电：《中共中央举行党外人士座谈会》，《人民日报》1992年3月16日。

② 《政协委员参政议政热情高涨》，《人民日报》1992年3月26日。

科技进步的因素，达到 60%～80%，而我国只占 30%，必须通过改善科技政策和科技体制及经济体制的改革，提高这个比例。（三）尊重人才。要解决人才断层和人才流失问题，为青年人才的成长创造出好一点的工作条件。（四）大力发展教育事业，提高劳动者素质。经济发展靠科技，科技发展靠教育。因此，要把经济开发与科技开发、智力开发结合起来，形成经济、科技、教育相互促进协调发展的良性循环。

在 3 月 25 日政协大会的发言中，民盟中央副主席高天代表民盟中央对我国东西部协调发展问题发表了几点建议：（一）国家制定有关政策、法规，在优先发展东部、南部、沿海的前提下，有计划地开发西部地区。（二）国家制定区域经济和社会发展总体规划。这个总体规划，建议包括黄河上游多民族经济开发区发展规划，黄河三角洲经济发展规划；以上海为龙头，江浙为两翼的长江三角洲经济发展规划；开通亚欧大陆桥，开发大西北发展规划；重开南方丝绸之路，开发大西南发展规划；开发图们江，建立东北亚经贸中心发展规划等内容。（三）国家制定对在欠发达地区工作的科技人员的优惠政策。（四）加强欠发达地区和发达地区的横向联系，加强经济、技术的合作和支援。（五）将民主党派的扶贫工作纳入各级政府的扶贫工作计划。

3 月 26 日葛志成代表民进中央就依法治教推进九年制义务教育提出了系统的建议。3 月 26 日杨赅代表九三学社中央就为科技进步创造良好条件发表了系统的意见。3 月 26 日孙孚凌代表工商联在政协大会上，就按照团结、帮助、引导教育的方针做好三种非公有制代表人士的工作，发表了系统的意见。李赣骝代表民革中央，就抓紧时机促进祖国和平统一作了系统发言。陆树榕代表致公党中央，就开展海外工作服务政策开放，作了发言。

民主党派和工商联政协委员们在大会的发言和小组的发言中所提的绝大多数意见，得到了政府和全国人大的重视。

全国人大代表们参政议政的热情丝毫不亚于全国政协委员们。就以审议《政府工作报告》而言，在讨论的过程中，发表了许多十分中肯的意见，很多意见得到国务院和全国人大的高度重视，使国家大政方针的决策体现了广泛的民主，使国家大政方针决策的科学性大大增强。

该次人大会议的一大特色是，各省市和自治区的代表团在审议《政府工作报告》的同时，都对如何进行本地区的改革开放作了深入的探讨，进一步统一了思想，增强了信心，提出了具体的方案和设想。湖南代表团在审议《政府工作报告》时提出：湖南今年要在深化改革方面集中力量打三个“总体战”：一是破除“三铁”为中心的企业改革总体战，二是以建立健全社会化服务体系为重点的农村改革的总体战，三是以“四开放”为主要内容的商业改革的总体战。①

全国人大代表来自全国各地和各个阶层，其针对某一领域的意见，往往比较中肯，比较深刻，因而也受到重视，多被采纳。代表们认为，全国人大是最高权力机关，在人大会议期间

① 《扫清障碍加快步伐》，《人民日报》1992年3月30日。

发言、提建议和议案，是在参与国家决策，是“人微言不轻”。代表们的意见被充分吸纳的一个十分明显的证明，是《政府工作报告》在审议过程中，作了多达150多处的修改。

“两会”代表作为“两会”的直接参加者，对“两会”的感受格外深刻，受到了极大的鼓舞，也进一步解放了思想，对今后改革开放的认识更加明确。

报道“两会”的记者们，凭借其职业的敏感性，对“两会”自有独特的感受。记者张力平的看法颇有点代表性：“这次人代会在贯彻执行党的基本路线、牢牢把握经济建设这个中心上达成了空前的统一，在加快改革、扩大开放、谋求经济更大发展上，沿海、沿边、内地各出新计，特色纷呈，是这次大会的一个显著特征。人们贯彻执行党的基本路线思想一致，精力集中，才会更好地把握各自的省情、区情，发展的选择才能更为准确。”记者们总的印象是，这次人代会是一次以加快改革开放为主旋律的大会，代表们情绪激昂，众志成城，充满自信。与会代表一致认为，要坚持党的基本路线不动摇，是会议的最大收获。这次会议是把改革开放推进到一个新的春天的重要会议。

一般的人民群众虽未能与会，但十分关心会议，通过各种传媒，密切注意会议情况。他们以社会最基层者的视角看待会议，有其独特的感受。他们的评价如何，是会议是否成功的主要尺度。北京汽车制造厂总装车间主任金大勇认为：“这次人代会给我的印象是，改革的步伐在加快，有一种逼人的势头。改革的步子快点、胆子大点，是一种趋势，也是我们工人的要求。这10多年来，通过改革，大家感受最深的是生活水平提高了，收入增加了，对物价也基本适应了。我想，国家照着这条路走下去，没错!”北京国际饭店的几位服务员认为：“这次会说得最多的是深化改革、扩大开放。我看‘两会’本身也够开放的。就说记者招待会吧，天天都有，有时一天几个，每次有会，不设门卫，没有什么限制，进出自由。”①

“两会”闭幕后，各地纷纷做出了学习和贯彻“两会”精神的决定，掀起了学习和贯彻的热潮，“两会”的精神迅速转变为各地的实际行动。“两会”后，深化改革、扩大开放的春潮在全中国涌动。中国在“两会”将邓小平视察南方重要谈话精神转变为国家和人民意志后，迈开了气壮山河的新步伐。历史已经证明，1992年的“两会”，因其在推进深化改革、扩大开放方面的杰出贡献而永垂史册。

三、决策层的表态

◎老同志的表态

◎政治局常委们的鲜明态度

老一辈革命家对邓小平视察南方的重要谈话予以了充分肯定和拥护。中共中央顾问委员会主任陈云“五一”节前夕在上海听取上海市委、市政府负责人汇报时，“亲切鼓励上海同志

① 以上引文均引自《人民日报》“两会”报道组集体采写：《关键时刻的大会》，《人民日报》1992年4月4日。

要解放思想，大胆实践，善于总结，按照党的‘一个中心、两个基本点’的基本路线不动摇，狠抓振兴上海、开发浦东各项工作的落实，为建设中国特色的社会主义做出新贡献”①。陈云还风趣地对上海的负责同志说：“不是有新闻记者向你打听陈云对开发浦东的态度吗？你回答得很好，我非常赞成开发浦东，开放浦东！”②

在七届人大五次会议期间，彭真说：小平同志讲要坚持“一个中心、两个基本点”，这是我们党的基本路线。我们的经济是搞得不错的，但还不够，要集中精力把经济建设搞得更快、更好，同时坚持两手抓，这样实事求是地干下去，困难总是可以克服的。改革开放是发展生产力，解放生产力，要坚持改革开放不动摇。

2月1日至2月14日，杨尚昆在上海考察工作时，对加快改革开放作了多次讲话，大力宣传邓小平谈话的观点。他强调：“在改革开放已迈开新步伐的基础上，思想更解放一点，胆子更大一点。”③ 杨尚昆对上海的负责同志说：

> 当前和今后相当长的一个历史时期里，我们要继续坚定不移地全面贯彻执行党的十一届三中全会以来的一系列方针、政策，坚定不移地沿着邓小平同志指引的有中国特

---

① 陈毛弟：《陈云听取上海市工作汇报》，《人民日报》1992年5月2日。
② 陈毛弟：《陈云听取上海市工作汇报》，《人民日报》1992年5月2日。
③ 陈毛弟：《杨尚昆考察上海时强调在改革开放迈开新步伐的基础上思想更解放一点胆子更大一点》，《人民日报》1992年2月15日。

色社会主义的道路，一心一意把经济建设搞上去。这次我在广东和上海，看到经济建设的欣欣向荣，人民安居乐业的景象。这证明我们的改革开放是搞得成功的，成就是举世公认的。因此，改革开放的路线不会变，也不能变。还要进一步深化改革，扩大对外开放，更多地引进外资、外国先进技术设备、管理经验和方法，大胆为我所用，使之成为对我们建设中国特色的社会主义有用的东西。我们要千方百计把经济建设快一点搞上去，在较短的时间内，上一个新的台阶，增强我们的综合国力，包括社会主义精神文明建设。当然，不是提倡不切实际的高速度。[①]

中共中央第三代领导集体在邓小平视察南方发表重要谈话后，坚决拥护、大力宣传、坚决落实邓小平视察南方的重要谈话的精神。

3月24日，江泽民在参加上海出席人大会议代表团审议《政府工作报告》时强调，要进一步解放思想，加快改革开放。计划和市场都是经济手段，并不是区分社会主义与资本主义的标志。当前从思想上要警惕右，但主要是防止“左”。在改革开放中要敢于试验，勇于创新，看准的事就大胆地去做，坚定不移地搞下去。学习邓小平同志研究新情况、新问题的实事求是精神和立场、观点、方法，提高领导水平和领导艺术。

5月份，李鹏在江苏考察时说，“当前全国正在积极贯彻

① 陈毛弟：《杨尚昆考察上海时强调在改革开放迈开新步伐的基础上思想更解放一点胆子更大一点》，《人民日报》1992年2月15日。

邓小平同志重要讲话精神，是进一步深化改革和扩大开放的好时期。”“只有解放思想，大胆探索，才能有新的路子，新的方法，只有依靠科技进步，更加重视市场的作用，才能更快更好地促进经济发展。”他希望江苏“抓住改革开放的有利时机，再接再厉，使经济更好地迈上一个新台阶”①。

全国人大常委会委员长万里，在中国农村改革方面起过突出的作用，农村联产承包责任制就是在他任安徽省委书记时，首先搞起来的。他对改革开放一贯采取坚决支持和积极推动的态度。在全国人大七届五次会议期间，他参加安徽省代表团讨论时说，邓小平同志关于改革开放、建设中国特色社会主义的一系列论述非常好，非常及时、深刻，现在的关键是要抓落实。要解放我们的思想，要冲破小农经济思想和过去长期执行计划体制的思想带来的束缚，一心一意抓生产，扎扎实实搞改革，使全国人民包括安徽灾区群众的生活早日达到小康水平。万里3月31日参加北京代表团讨论时强调，个体经济、私营经济和三资企业是我国公有制经济的有益补充。现在各地的第三产业发展得都不够，今后要大力发展。过去个体经济之所以发展不快，主要是受“左”的影响。现在有了邓小平同志的讲话，大家可以放心了。

1992年4月16日至4月22日，乔石到山西省考察工作时强调说：“小平同志的重要谈话，最根本的就是把经济搞上去。”“小平同志的重要谈话针对性很强，把党内值得注意和应

---

① 殷学成、邹爱国：《李鹏总理在江苏考察时指出县级机构要转变职能强化服务》，《人民日报》1992年5月26日。

防止的问题及思想倾向讲清楚了，把大家心里想说的一些话说了出来，把有些原先思想上不太明确的问题说明确了。”他希望大家“认真研究，深刻领会小平同志重要谈话的精神实质，要结合实际钻研得更深一些，真正在思想上认识上解决问题，否则贯彻小平同志的思想就不会得力”[①]。

7 月 15 日，乔石在中共中央党校发表讲话时说：

> 十一届三中全会前后，在小平同志倡导和支持下，全党开展的关于真理标准问题的大讨论，打破了“两个凡是”的束缚，带动了全党思想的大解放，实现了全党工作重点的转移，取得了改革开放和现代化建设的巨大成就。当前，我国的改革开放和经济建设进入了一个新的发展阶段。深化改革开放，加快经济发展，制约的因素很多，阻力主要来自传统观念的束缚和“左”的思想影响。小平同志说，要警惕右，但主要是防止“左”。小平同志谈话的中心思想和基本精神，是要求加快开创改革开放和经济建设的新局面。……要从实际出发，积极创造条件，努力搞得快一些，好一些。但不要重复过去片面追求产值、盲目扩大基建规模的老路。要从深化改革、扩大开放、推动技术进步方面去思考，去努力，去争取实实在在、真正有效

① 贾正：《乔石在山西考察时强调学习邓小平重要谈话》，《人民日报》1992 年 4 月 23 日。

的速度。[1]

1992年3月24日，宋平参加甘肃代表团讨论时说：经济建设是我们党和国家各项工作的中心，这个中心一定要长期坚持，毫不动摇。当然，我们也面临一些困难。克服这些困难，把经济搞上去，靠什么呢？还是要靠深化改革，扩大开放。

8月8日，宋平在全国组织部长会议上谈到领导班子建设时说：

> 要坚持干部“四化”方针和德才兼备的原则，真正把经过实践锻炼和考验，在贯彻党的基本路线，尤其是在改革开放中做出突出成绩、群众公认的干部选拔上来。[2]

3月24日，李瑞环在与天津人大会议代表团一起讨论时说：用建设有中国特色社会主义理论和党的基本路线统一思想，是进一步搞好经济建设和改革开放的关键所在。李瑞环还说：改革是解放生产力，把人的积极性充分调动起来并合理发挥出来，是改革的目标、动力，也是改革能否取得成功的关键。因此，我们要通过切实有效的工作，协调关系，化解矛盾，理顺情绪，让人们振奋精神，解放思想，放下包袱，开动

① 刘思扬：《乔石在中央党校毕业典礼上谈落实邓小平谈话精神》，《人民日报》1992年7月16日。

② 孙本尧：《宋平同出席全国组织部长会议的同志座谈时指出越是改革开放越要搞好党建》，《人民日报》1992年8月9日。

机器，积极投身到建设和改革的各项事业中去。[①]

5月21日，李瑞环在听取中宣部和中国思想政治工作研究会负责同志汇报时说：用邓小平同志倡导的建设中国特色的社会主义理论和路线统一思想，关系到党和国家的前途命运。“思想政治工作必须提高执行党的基本路线的自觉性，自觉地服从和服务于经济建设，推动经济建设的发展。”[②]

四、思想进一步解放的地方领导

◎北京的思路

◎上海的力度

◎广东的广度

◎江苏的战略

邓小平视察南方重要讲话的精神经中央领导同志的讲话披露后，特别是在2月份中共中央正式下发了关于学习邓小平中国特色社会主义理论的通知后，中共中央3月上旬的政治局全体会议，根据邓小平南方谈话精神讨论了我国改革和发展的若干重大问题并做出了相应决议后，各地在认真学习和深刻理解邓小平重要谈话的基础上，考虑如何将本省、本市、本区的深化改革、扩大开放工作搞好，开始着手拟定本地的发展战略和

① 凌志军：《李瑞环同天津代表团审议〈报告〉时指出振奋精神齐心合力加快步伐》，《人民日报》1992年3月25日。

② 王安、张述：《职工思想政治工作研究会年会开幕》，《人民日报》1992年5月28日。

采取的重大措施。3月底至4月初，经过学习和审议政府工作报告，以及“两会”的其他重要文件，听取中央和国务院领导同志的讲话，以及在会上的讨论和会外的交谈，各省（区）市领导对如何在本地区深化改革和扩大开放的思路更加明晰。出席“两会”的各方面代表，特别是“两会”代表中的省、市级领导，决心不辜负党和人民的重托，抓住当前有利时机，迅速发展经济，使本地国民经济发展水平尽快上一个新台阶，因而全国各地出现了热火朝天的经济建设的景象。

北京是中国的首都，是党中央、国务院领导机关和各部委所在地，又是各国驻华使馆和其他各类办事机构所在地，对外影响很大，因而是中国的政治中心。再者，北京在人口和经济实力方面，在全国也居于举足轻重的地位。北京的深化改革和扩大开放的举措，格外引人注目。

1992年北京市领导在深化改革方面采取了一系列重要措施。比如改革劳动、人事、分配制度，全面推进优化企业的人力资源组合，调动企业各类人员积极性，进行土地使用制度的改革，允许土地使用权的有偿转让，等等。北京市从1991年11月至1992年4月，先后将618个企业分成8批，进行8个方面企业改革的试点，分别进行税利分流、税后还贷、投入产出、承包、减亏、包干、股份制等方面的试验。北京市在“两会”后宣布了五条深化改革、扩大开放的措施：（一）大力发展三资企业；（二）大力发展高新技术产业；（三）大力建设开发区；（四）到国外去办更多的企业；（五）进一步利用外资改造北京的重要产业。为了推动北京市个体经济的发展，1992

年5月，北京市召开了全市个体劳动者大会，会上市领导发表讲话，鼓励个体劳动者放手经营，只要合乎法律、法规要求，靠诚实劳动取得的利润，赚的钱再多，政府也不会眼红。

“两会”以后，北京市明显加快了科技园区的建设，通过大力发展高科技园区，充分发挥北京科技资源雄厚的得天独厚的条件，充分吸收外国的先进技术和资金，加快科技成果向经济领域的转化和推广，一方面大力推动北京高科技的发展，另一方面使北京在推动全国科技发展方面发挥带头作用。为了加快北京高科技的发展，北京市的领导先后视察了北京市区和郊区的各个科技园，并进行工作指导。

1992年之春，是北京市广大干部和群众积极性分外高涨、各方面工作开始展现新局面的希望之春、大干之春。

新中国建立后，充满智慧的上海人民创造了辉煌的业绩，不仅迅速发展了上海的各项事业，使上海经济实力大大增长，而且对全国经济的发展起到了首屈一指的突出作用。20世纪50年代至80年代中期，上海上缴国家财政款项，一直占国家财政收入的1/6以上。在70年代改革开放以后，中国南方的一些省份和地区享受着上缴国家方面的优惠或政策扶持方面的优惠，沿海和内地的一些省份占据资源的优势和劳动力多且便宜的优势，或其他方面的优势，使本地经济迅速发展。相比之下，上海既要承担巨额的大大高于其他省市的财政上缴款项，又逐渐失去计划经济下对上海所需生产原材料的计划供给，以及对上海优质产品的销售计划保障，各地在生产资料和产品销售方面的保护主义抬头。在这样的情况下，80年代中期开始，上海显得老了，有点力不从心，因长期上缴国家财政负担过重，上海企业的技术改造，上海的交通等基础设施建设，上海人的住房建设，都与现代化大都市的要求不相适应。为了恢复上海的活力，1990 年初，邓小平同志决定开发开放浦东，给上海带来了新的机遇，上海的经济和各项事业迅速发展，一年一个样。在 1992 年“两会”前后，上海推出一系列深化改革和扩大开放的重大举措。

1992 年 2 月 20 日，上海市委书记吴邦国在全市工业系统企业改革报告会上说，要搞活经济机制，建设好领导班子，使上海企业跻身国际市场。1992 年 3 月 18 日，上海市市长黄菊主持召开现场办公会，明确指出要以南浦大桥、杨浦大桥和杨高路的迅速、高标准、高质量的建设，促进浦东三个开发小区的开发战略，有力推动浦东新区的开发。3 月 23 日，在北京出席全国人大会议的上海市委书记吴邦国向外界披露，90 年代浦东的开发、开放，将为上海重振雄风注入动力，将带动长江三角洲和整个长江流域的经济起飞，上海将成为中国经济发展的中心。因此，上海要意识到责任的重大，要充分发挥上海科技和经济的优势，上海应该打中华牌，不打上海牌。吴邦国在讨论政府工作报告时还指出：“开发浦东，就要扬长避短，特别要解放思想，扩大开放度，要有气魄，敢于打破阻碍生产力发展的‘禁区’。”[①] “两会”结束后，上海制定了五条吸引外资的政策，包括允许国外投资者到沪开办商业，允许外资在上海

---

① 凌志军：《立足全国认识浦东，放开胆子开发浦东》，《人民日报》1992 年 4 月 2 日。

开办金融业务等。5～6月间市委书记吴邦国率领上海党政代表团先后赴广东和海南两省考察学习，学习两省改革开放的经验。6月底市长黄菊提出：上海的主要任务是争取在20世纪90年代实现价格市场化、企业法人化、住房商品化、福利社会化和调控间接化。上海对外开放的关键是与国际市场在金融、贸易、生产、管理四个方面接轨。黄菊呼吁长江三角洲地区和长江流域各地区与上海密切合作，建立大市场，建设大交通，组建大企业，组织大开发，实行产业大调整，形成整体优势，推动长江这条巨龙腾飞。这一切说明，上海正以浦东开发、开放为龙头，将深化改革和扩大开放推向一个新阶段。全面推动上海经济发展走上快车道，并作为90年代中国对外开放的重点，对全国的经济发展起着重大的推动作用。

广东是中国最早对外开放的地区，中国的第一批特区中的四个就有三个是在广东，小平同志视察南方的重要谈话主要就是在深圳、珠海特区发表的，这极大地鼓舞了广东人民。在“两会”期间，广东代表纷纷发表见解，决心将广东的改革开放推进到一个新阶段。广东省省长朱森林认为，广东的主要经验，就是无论遇到什么困难，始终坚持以经济建设为中心，大力发展生产力，不断推进改革，遵循和利用价值规律，坚持面向市场，广东的改革方向是培育社会主义市场经济体制，更多地发挥市场调节作用。广东省委书记谢非3月份考察广东开放的最前沿珠江三角洲，对当地的改革和发展情况进行调研，要求全省认真贯彻邓小平谈话精神，抓住科学技术这个第一生产力，依靠科技进步推动生产力迅速发展。在“两会”期间，省长朱森林向第七届全国政协常委们汇报了广东在20年内赶上亚洲“四小龙”的措施时，着重指出广东要进行深化改革、扩大开放的七项工作：（一）大力加强能源、交通、通信等基础设施和基础原材料的建设；（二）加快对外开放步伐，形成不同层次的对外开放结构；（三）积极开拓国际国内市场；（四）努力调整产业结构，大力发展第三产业；（五）依靠科技进步，提高经济效益；（六）建立良好的筹资机构，保持较高的投资率；（七）强化精神文明建设和各项社会事业。“两会”结束后，广东即开始扎扎实实地把深化改革和扩大开放的设想转化为实际的行动。7月下旬省政府宣布了一系列决定，在改革方面推进国营商业体制改革和社会保险制度改革，加快发展广东独具优势的第三产业开发和海洋海岸开发，同时积极推进产业建设和乡村建设。广东的三个特区在贯彻广东整体深化改革、扩大开放决策的基础上，还有自己地区特色的一些新东西。比如，在“两会”期间，深圳市委书记李灏向外界披露：“深圳经济高速发展，是一个以开放促改革，以改革展开更大开放的历程，开放程度越大，机会和挑战就越多，这就容不得我们有半点懈怠。在前13年发展的基础上，深圳要在90年代再来一次飞跃，我们在下列几个方面，即拓展海外市场，推进海外投资与国际金融体制融通，推进股份制，高新技术产业化，第二、三产业发展相配套，扩大基础设施建设等方面，推出十几项新的改革开放措施，进行更大的试验和探索，我们的目标明确而坚定。”[①] 珠海则将经济发展的重点转向高科技产业。汕头特区领导则宣布，汕头将“利用侨资来源广阔，以扩大开放促进发展，以产业轻型结构起步向更高产业层次推进”。

1992 年广东的大地上是春潮滚滚，广东人继续在全国的改革方面起带头和示范作用。

现在人们已经清楚地看到，广东 90 年代的改革开放成绩是巨大的，经济发展速度和发展水平都在全国居于前列。

江苏省是一个人杰地灵之地，自 20 世纪 80 年代以来历任中央和国务院领导都对江苏经济的发展给以赞许。江苏是对国家经济发展有较大贡献的省份。苏南乡镇企业的发展规模和水平全国第一，世界闻名。1991 年，江苏的总产值占全国的 7.35%，仅沿江的 7 个城市，总产值即达 1100 亿元。邓小平视察南方的重要谈话发表后，江苏改革开放进入了一个新阶段，江苏人决心再接再厉。在“两会”期间，江苏省省长陈焕友向记者宣布，为了实现江苏快速发展，决定采取四条措施：“一是加快改革步伐，扩大市场调节范围，建立新的运行机制；二是扩大对外开放，特别是要抓住浦东开放的大好时机，把沿江城市的开放向前推进一大步；三是采用先进的科技，改造传统产业，发展高科技产业；四是大力调整经济结构。”[②] “两会”结束后，江苏省领导在总结江苏 10 多年改革开放经验和教训的基础上，由省政府、人大、政协领导带队在 5 月份南下福建、海南、广东考察学习。6 月份又由省委领导率团带领省厅

① 张平力：《深圳：力求发挥更大带头作用》，《人民日报》1992 年 3 月 26 日。
② 王咏赋、万贵生：《江苏将提前实现第二步目标》，《人民日报》1992 年 4 月 1 日。

局领导和各市领导赴山东考察学习。在代表团考察学习回来后，《新华日报》连续播发介绍这几个省改革开放规模和经验以及今后设想的长篇通讯，在社会上激起强烈反响，形成了在江苏深化改革、扩大开放方面的一系列共识。在此前提下，江苏省进一步完善了在“两会”期间提出的深化改革、扩大开放的思路，提出了“四个加快，三个为主”的发展思路：（一）加快改革步伐，形成市场调节为主的经济运行新机制；（二）加快对外开放，形成以外向型经济为主的新优势；（三）加快科技进步，逐步形成以高科技为主导的新格局；（四）加快提高经济效益和结构调整。根据这一工作思路，江苏做出了一系列深化改革的决定。

由于篇幅的限制，我们不能对每一个省、市、自治区在1992年深化改革和扩大开放的情况一一加以介绍，只能对有代表性的少数直辖市和省份进行简单介绍。根据这些省、市的情况，我们不难看出，全国深化改革、扩大开放的形势确实喜人。

华夏大地春潮急！

第四章

深化改革新政策

迎风破浪——1992 年的中国

3月中央政治局全体会议和七届人大五次会议和七届政协五次会议之后，党中央和国务院明显加快了推进改革的步伐，相继出台了一系列深化改革的文件和政策，为深化改革指明了方向和方法。这些政策涉及国家经济体制的一系列根本问题，把改革推向了新阶段，取得了辉煌的成就。

一、转换企业经营机制

◎经济体制改革的重点

◎《条例》实施

◎认真贯彻《条例》通知的下发

◎砸“三铁”的心理震撼

中国是社会主义国家，国家的大中型企业是全民所有制，是国家公有制企业的骨干和主体，是国家利税的主要来源和城市人口中就业的主要单位，直接关系到国计民生。但是由于新中国成立初期建立的权力过分集中、企业缺乏经营自主权的政企不分的计划经济体制，在20世纪50年代后越来越不适应现代化大生产的客观规律，使许多国营大中型企业失去了活力，因而必须加以彻底改革，改变国家将企业包下来的状况，使企业成为自主经营、自负盈亏、面向市场的独立自主的法人。这样，国营大中型企业的活力才能激发出来，国家经济才能迅速发展。转换企业经营机制，是事关全局的重大问题。党中央、国务院在农村改革获得成功后，即致力于转换国营企业经营机制的改革。1984 年通过的《中共中央关于城市经济体制改革的决定》，将国营大中型企业的改革推进到了攻坚阶段。几年来，国企改革虽有一定的进展，但没有从根本上解决问题。1992 年国务院将国营大中型企业转换经营机制作为改革的重点，并在总结以往经验的基础上，相继批转了关于转换企业经营机制的一系列文件，还专门下发了要求贯彻《全民所有制工业企业转换经营机制条例》（以下简称《条例》）的通知，使全国的企业转换经营机制的改革进入了一个新的阶段。

自 20 世纪 80 年代以来，国营企业效益不佳的问题之所以长期得不到解决，主要是因为国营企业未能从计划经济时期被动的生产者，转变为适应市场经济的自主经营、自负盈亏的社会主义商品生产者和经营者。朱镕基 1991 年到国务院工作时，根据党中央、国务院的分工，即致力于解决这一问题。1992 年 1 月 10 日，朱镕基在全国经济体制改革工作会议上发表了讲话，阐明了关于制定转换企业经营机制条例的一系列问题。他说："企业改革是整个经济体制改革的中心环节，今年要集中精力搞好转换经营机制这个条例。""这个条例不是只管一年，而是长期起作用的，同时又只能是逐步完善的。""制定条例要把重点放在划分责权方面。"朱镕基强调："要求转换经营机制，政府机关必须转变职能，否则，企业的经营管理自主权不能落实。""政府主要搞好宏观调控，制定法规法律、发展战略和产业政策，控制总量平衡，调整产业布局，综合运用经济杠杆，汇集并向企业提供经济信息。政府行为主要运用经济手段，按价值规律、市场规律办事。”① 朱镕基的讲话，对《条例》的制定起了重要的指导作用。

1992 年 3 月，国务院批转了《国家体改委关于一九九二年经济体制改革要点》（以下简称《要点》），并专门发了通知要求各地根据本地区、本部门的实际情况，采取有力措施，认真贯彻实施。

国务院的通知指出：1992 年是进一步深化改革的重要一年，“各地区、各部门要切实加强对改革的领导，各级体改部门要做好改革的协调工作，以搞好全民所有制大中型企业，转换企业经营机制为重点，齐心协力，密切配合，搞好各项配套改革，进一步探索计划经济和市场调节有机结合的具体途径和方式，促进经济结构的调整，提高经济效益，为实现《国民经济和社会发展十年规划和第八个五年计划纲要》提出的任务而努力。”② 国务院将企业转换经营机制作为 1992 年经济体制改革的重点，主要是因为国营企业存在的问题已经成为当时经济运行中的主要问题。对这一点，国家体改委的《要点》分析得很清楚。

《要点》提出的转换经营机制的目标，是使企业逐步成为自主经营、自负盈亏、自我发展、自我约束的社会主义商品生

① 朱镕基：《关于制定转换企业经营机制条例的几个问题》，《人民日报》1992 年 7 月 1 日。

② 《人民日报》1992 年 3 月 29 日。

产者和经营者。《要点》认为，要实现这一目标，必须打破"铁饭碗"，建立能进能出的劳动用工制度；打破"铁交椅"，建立能上能下的干部管理制度，建立企业内部分配和建设投资约束机制，不断完善激励机制和监督机制。《要点》要求企业要主动面向国内、国际两个市场，严格按照市场需要组织生产，真正实行以销定产。《要点》指出，要完善企业承包经营责任制，强化内部管理。结合"清产核资"的试点工作，完善企业承包指标体系和"工效挂钩"办法，逐步由利润承包转向资产经营承包，解决国有资产保值、增值问题，进一步强化企业约束机制。《要点》还指出，企业要实行优胜劣汰的竞争机制。

《国务院批转国家体改委关于一九九二年经济体制改革要点的通知》（以下简称《通知》）和《要点》规定，将转换企业的经营机制放在经济体制改革重点的位置，并指出了我国企业转换经营机制的主要内容，规定了转换企业经营机制的目标，提出了转换企业经营机制的思路，既能够使各级政府重视企业转换经营机制的改革，为这项工作的顺利开展提供了组织上的保证，又为企业转换经营机制指明了方向。

国务院的《通知》和国家体改委的《要点》，为企业转换经营机制作了一系列原则性的规定，但要把这些规定具体化，才能便于在实践中操作。因此，国务院在经过较长时间反复酝酿和修改后，在 1992 年 7 月发布了《全民所有制工业企业转换经营机制条例》，即《条例》，对企业转换经营机制问题作了具体规定。这个《条例》林林总总有 7 章 54 条，十分详尽，有很强的可操作性。

《条例》第一章的“总则”部分开宗明义地指出：为了推动全民所有制企业（以下简称“企业”）进入市场，增强企业活力，提高企业经济效益，根据《中华人民共和国全民所有制工业企业法》（以下简称《企业法》）制定本条例。“总则”对企业转换经营机制目标的规定，比国务院3月份下发的《通知》和国家体改委的《要点》更明确和更具体，即“使企业适应市场的要求，成为依法自主经营、自负盈亏、自我发展、自我约束的商品生产和经营单位，成为独立享有民事权利和承担民事义务的企业法人”[①]。“总则”部分还对企业转换经营机制的原则作了具体的规定：（一）坚持党的基本路线；（二）坚持政企职责分开，保障国家对企业财产的所有权，实行企业财产保值、增值，落实企业的经营权；（三）坚持责、权、利相统一，正确处理国家与企业、企业和职工的关系，贯彻按劳分配的原则，把职工劳动所得与劳动成果联系起来；（四）充分发挥中国共产党的基层组织在企业中的政治核心作用，坚持和完善厂长（经理）负责制，全心全意依靠工人阶级；（五）坚持深化企业改革与推进企业技术进步、强化企业管理相结合；（六）坚持在建设社会主义物质文明的同时，建设社会主义精神文明，建设有理想、有道德、有文化、有纪律的职工队伍。

《条例》的第二至六章，对企业的经营权、企业自负盈亏的责任、企业的变更和终止、企业和政府的关系、法律责任等

① 《全民所有制工业企业转换经营机制条例》，《人民日报》1992年7月25日。

企业经营机制的根本问题作了明确规定。

《条例》公布后，国家体改委对《条例》做了说明。该说明指出：《条例》体现了《企业法》的立法精神和基本原则，体现了中央工作会议提出的搞好国营大中型企业的精神，体现了加大改革分量、加快改革步伐的精神。该说明还对《条例》的主要内容做了说明，有助于人们进一步了解《条例》和执行《条例》。

《条例》出台后，全国各地加以认真贯彻，成效明显。国务院对贯彻《条例》高度重视，为检查各地落实情况和交流经验，于8月3日至7日在北京召开了专门会议。据《人民日报》记者8月5日从正在北京召开的全国转换企业经营机制工作会议上了解到，我国企业改革取得新进展表现为：企业经营自主权进一步扩大；优胜劣汰机制开始发挥作用；进行多种经营形式试点，探索适应市场机制运行新途径；劳动、人事、分配制度改革受到领导重视和职工拥护。[①]

为了进一步推动《条例》的贯彻，党中央和国务院在10月份下发了通知。通知说，《条例》的制定和发布，是深化企业改革的大事，是实施《企业法》的重要步骤，是落实1991年9月中央工作会议精神和《中共中央关于加快改革，扩大开放，力争经济更好更快地上一个新台阶的意见》的重要措施。[②]各级党政主要负责同志要加强领导，亲自抓好《条例》的学

① 徐耀中、张国荣：《我国企业改革取得新进展》，《人民日报》1992年8月6日。

② 新华社北京10月15日电：《中共中央、国务院就贯彻执行〈全民所有制工业企业转换经营机制〉发出通知》，《人民日报》1992年10月16日。

习、宣传和贯彻落实工作；要按照《条例》的规定，明确负责组织实施的部门和办事机构，坚持分类指导，分步推进；要深入进行调查研究，及时发现并解决好贯彻落实《条例》的有关问题，总结推广好的经验和做法，用典型推动面上的工作。①

党中央、国务院的通知下发后，全国各地贯彻《条例》工作有效开展起来，并取得了显著的成绩。1992年是改革取得重大进展的一年，而这一重大进展又是以转换企业经营机制为经济体制改革重点而实现的。1992年，我国国民经济生产总值比上年增长12.8%，其中第二产业比上年增长了20.5%。应该说，取得这一骄人的成就是与《条例》的制定和贯彻密切相关的。

在改革开放之前，我国劳动用工制度上的“铁饭碗”、工资分配上的“铁工资”、人事制度上的“铁交椅”，是计划经济的基石和核心支柱，几十年一直保持不变。不可否认，在这些制度产生之初的50年代，由于社会主义制度的确立，在旧社会中当牛做马的工人从此扬眉吐气，“三铁”制度确实焕发了工人们大干社会主义的热情。但到了六七十年代，这些制度弊端日益显示了出来，形成一种可怕的社会惰性，成为阻碍经济发展的桎梏。

到了20世纪80年代，有关部门曾对17个城市的400多家国营企业进行调查。结果表明：工人中只有12%的人在工作中发挥了积极性，科研人员只有14.6%的人一心扑在事业上。常

① 新华社北京10月15日电：《中共中央、国务院就贯彻执行〈全民所有制工业企业转换经营机制〉发出通知》，《人民日报》1992年10月16日。

常遇到这样的情况：工厂停产了，先靠贷款发工资，贷款发光了，便将机器设备卖光，什么都完了，工人便成群结队到政府办公楼面前静坐。停产的工人，或是闲玩消遣，或是摆摊赚钱。

在中国，国营企业发挥的还不仅仅是生产的功能，更为重要的是它发挥着全方位的社会功能。20 世纪 80 年代以前，一家人当中，只要有一人为国家工人，全家就衣食住行医不愁了。企业有托儿所、幼儿园、小学、初中、高中，有职工培训学校，有医院，有养老院，企业还要负责工人子女的工作安排……企业无所不包，职工及家属享受着从摇篮到墓地的种种社会福利。

1991 年的全国预算内国营企业 30% 亏损，亏损额达 310 亿元，是 1988 年的 4.5 倍。但这一年却又是职工收入最多的一年，净增长 6%。国营企业在“三铁”制度下背着沉甸甸的社会包袱，而国家又替国营企业背着包袱。

治理整顿进入后期，决策部门认识到要使国营企业焕发出活力，必须对企业的人事、工资、用工制度进行大变革。

砸“三铁”牵涉到成千上万职工、干部的切身利益，一时成为人们街谈巷议的话题。在这一改革波涛中，职工、干部的心态表现各异，引发了不少令人深思的话题。

在深圳，提到砸“三铁”，人们先是觉得这个名词挺新鲜，等明白了它的含义之后，谁都会感到这个话题是陈年往事，根本不感兴趣，大家关心的是今天股价升了多少。因为当时的深圳早已经历过这个阶段，时兴的是老板和员工互炒鱿鱼。

在砸“三铁”的风浪中，改革开放搞得比较早的地区，职工承受能力相对来说比较强。人们普遍感到，企业要生存，要发展，只有搬掉“铁交椅”，废除“铁工资”，打碎“铁饭碗”。如果不这样，企业无法继续存活下去，锅里没有了，碗里肯定也没有。与其不死不活地耗着，还不如下决心改革，大不了离开企业，自谋生路。

但对绝大部分地区来说，由于就业环境的限制和思想认识上的落后，许多人还是念念不忘“三铁”，念念不忘“大锅饭”，念念不忘在计划经济体制下得到的职位、职称，等等。尽管他们当中也有不少人在口头上赞成砸“三铁”，但一涉及切身利益，便在心理上动摇不定，有的则公开反对。

平心而论，这样的顾虑和态度不是没有理由的。从当时的就业条件看，如果大批工人离开了企业，他们到什么地方去谋生？饭碗在哪里？我国的经济在发展过程中，很长一段时间实行的高积累政策，许许多多职工为了国家的利益付出了艰辛的劳动，企业的资产是他们多年汗水的积累。有不少人还是老劳动模范、劳动英雄，如果让他们失去了职业，于情于理都不合适。再者，在当时，我们并没有一套规范化的社会保障制度，国有企业的职工失业了，用什么来保障他们的基本生存条件？我们的政府是人民的政府，共产党是工人阶级的先锋队组织，对这些问题不能没有通盘的考虑。况且，一旦大批工人失业，势必造成社会的动荡，没有稳定的环境，就谈不上改革，更谈不上发展。

1992年4月26日，国家体制改革委员会主任陈锦华在中国经济体制改革研究会上发表讲话指出：转换企业经营机制是一种难度很大的工作，但我们必须坚持改革。如果不改革就不能使企业形成人员能进能出，职务能上能下，报酬能高能低，生产优胜劣汰，销售适应市场多变的激励机制，企业就不会有真正的活力，就不能真正转换成自主经营、自负盈亏、自我发展、自我约束的相对独立的社会主义商品生产者和经营者。转换企业经营机制是系统的、综合的、配套的改革，它涉及计划、投资、技术进步、新产品开发、产品定价、销售等多方面的机制。如果这些方面的机制不活，企业即便是砸了“三铁”，也难以形成和发展适应市场需求的持久能力。在转换企业经营机制中，一定要把视野拓宽些，其他方面的机制要相应地加快改革。

他所说的其他方面的机制转变，首先是加快政府职能的转变，真正实行政企分开。其次是加快各种市场的培育，使企业转换经营机制后有市场可寻。再次是结合经济结构调整，加快发展第三产业。第四是加快社会保障制度的改革。

陈锦华的这番讲话并不意味着他反对砸“三铁”，而是认为它不是企业经营机制改革的全部内容，不能片面地去理解、去执行，而应当站在全面的、更高一层的认识上去积极推行企业经营机制的改革。应当说这是从全局、历史的高度出发得出的正确结论。

转变企业经营机制是一项复杂、艰难的改革活动，更难的是人们在这一转变中自身观念的转变，而这又需要随着改革力度的加大加深，不断向前推进才能完成。

二、股份制的试点与规范

◎风雨历程

◎有法可依

1992年的经济体制改革，还在所有制这个一直被普遍认为不能改革的问题，也是经济体制改革的关键问题上，迈出了重要的步子。作为所有制一种新的形式——股份制组建试点的全套政策和法规，经国家体改委和国务院其他有关部门的反复调研、修改基本形成，并陆续发布。

我国的股份制企业的试点始于20世纪80年代初，到1992年初股份制企业已经达到3200家，1992年更显迅猛发展势头。这是一个好现象，因为实行股份制可以解决当前中国经济发展中的一些重大问题。比如，通过股份制的方式，可以将群众手中的部分钱转化为建设资金，只分红利，不还本金，风险共担。国营企业活力不足问题的解决，其根本原因是难以实现自负盈亏，股份制则是全民所有制企业实行自负盈亏的一条有效途径。但是随着股份制企业的发展，客观形势要求国家对股份制企业要有一整套明确的政策和法规，才能保证股份制企业的健康发展，而不至于进入无序状态，干扰国民经济的正常运转和社会稳定。

为了规范股份制企业的发展，国家经济体制改革委员会、国家计划委员会、财政部、中国人民银行、国务院生产办公室

5 家联合发布了《股份制企业试点办法》（以下简称《办法》）。《办法》是对股份制企业试点的目的、股份制企业试点的原则、股份制企业的组织形式、股份制企业的股权设置、股份制企业内部职工持股、股份制企业试点的范围、股份制企业的组建、股份制试点企业的审批程序、政府对股份制企业的管理 9 个方面进行规定的。

在《办法》公布后不久，6 月 19 日和 6 月 22 日，《人民日报》又相继公布了《股份有限公司规范意见》和《有限责任公司规范意见》。这两个文件分别为股份有限公司和有限责任公司的定义作了界定。《有限责任公司规范意见》有 11 章 79 条，十分详尽地规定了有关此种公司所应遵守的原则、运行规则等各种事项，同样具有十分强的可操作性。

自 6 月 25 日以后，《人民日报》又相继公布了国家体改委会同国务院有关部门制定的《股份制试点企业财务管理若干问题的暂行规定》《股份制试点企业有关税收问题的暂行规定》《股份制试点企业宏观管理暂行规定》《股份制试点企业劳动工资管理暂行规定》《股份制试点企业审计暂行规定》《股份制试点企业土地资产管理暂行规定》《股份制试点企业国有资产管理暂行规定》《注册会计师执行股份制试点企业有关业务的暂行规定》等一批有关文件。这些文件属于第三个层次，即具体方面的规定。

这套政策法规总结了以前股份制试点工作的经验教训，具有鲜明的针对性；吸收了国际上的一些通用规则，具有国际性；结合了我国当时经济体制改革进展的现实情况，具有可操作性。

国家体改委的这些有关股份制的政策法规相继出台后，不仅对规范已有的股份制试点企业起了引导规范化的作用，而且对以后要进行股份制试点的企业，起了引导规范的作用。为了纠正有些地方和地区股票不经有关主管部门批准即上市并造成混乱的情况，国务院办公厅在6月份转发了中国人民银行关于辽宁、重庆、厦门等地擅自发行股票认购证和股票情况的通报，并发出通知，要求各级人民政府对股票发行与上市，必须严格按照国务院和中国人民银行的有关政策规定执行。国务院办公厅点了一批没有按国家规定而擅自让股票上市的省和市的名。国务院办公厅的通知指出："任何地方、任何单位、任何个人都无权违反审批程序，越权擅自批准股票、债券的发行与上市。如果此类事情再有发生，要从严追究有关人员责任。"①

中国之大，做到完全统一是很难的，做到实践中一点不出纰漏也是很难的。有些地方因操作不当，往往也会造成社会震荡。这从反面说明了股份制企业试点的规范化工作迫在眉睫，因而国家体改委独立或协同国务院有关部委办局，在不到两个月内陆续下发的一系列有关股份制企业试点的文件是很及时的，将全国股份制企业试点工作纳入了规范化的轨道，股份制企业试点工作得到了健康发展，股份制企业试点的单位数量稳步增长，运转情况良好。这些股份制企业对国民经济的增长起了重要的推动作用，对全国转换企业经营机制也起了重大推动作用。

① 新华社北京7月1日电：《国务院办公厅重申股票发行上市须严格按程序审批》，《人民日报》1992年7月2日。

三、物价改革的重大举措

◎潮起潮落

◎"闯关"成功

◎两项重大举措的作用

物价改革和所有制改革，是我国经济体制改革的两个难点，也是两个重点问题。如果说所有制的改革，可以在国家不投资或少投资的情况下，通过发展集体、个体、私营、三资、合资企业，使这些企业成为社会主义经济的组成部分，在为国家提供税收和安排就业，改善国民经济所有制结构来发展生产力，增加国家的综合国力，缓解社会矛盾等方面发挥作用的话；如果说可以通过国有企业[①]所有权和经营权的分离，转换企业经营机制，使国有企业成为面向市场的自主经营、自负盈亏的法人，而激发国企活力使国企走出困境，并使国企作为公有制主体的地位加强的话；如果这种改革可以逐步地渐进地实行，影响也是逐渐的，影响的范围也是有限的，不至于引起突发性的聚起强大社会合力的剧烈震荡的话：那么物价改革就完全不同了。

物价改革就是要理顺各大类商品的比价关系，使各类商品的比价合乎价值规律，使企业在合理的价格体系中健康发展，

① 1993年3月八届全国人大一次会议通过的《宪法修正案》，正式将"国营经济"和"国营企业"分别改为"国有经济"和"国有企业"。

这就需要对不合理的比价关系进行调整。这种比价关系的调整，按照一般的经济运行规律来讲，是很难通过对定价过高的商品降价来实现的，较容易的方法是调高原来价格偏低商品的价格；对过高商品的价格降低下来的办法是打破独家垄断，允许自由竞争。我国价格体系存在的主要问题是生产资料价格偏低，特别是人民群众的生活资料价格偏低，甚至是很低的问题，而加工的产品和工业品价格偏高，工农业产品之间存在剪刀差的问题。以往国家缓解矛盾的办法是给产品价格偏低的行业和部门给予适当补贴，以保证这些行业和部门维持一定的生产规模，以满足国计民生的需要。基于上述情况，国家进行价格改革，就要调高生产资料和生活资料价格。这种调价因牵涉各行各业，而且会引起相关产品价格的上涨，因而价格改革是牵一发而动全身，搞得不好就会引起社会的剧烈动荡。

改革就是要解放生产力，一切束缚生产力发展的东西，都属改革的对象，不合理的价格体系严重束缚了生产力的发展，当然属于改革对象之内。因此，十一届三中全会决定提高农产品的价格，以调动农民生产的积极性和保持农业生产的后劲。这一改革获得了成功。一方面这次调价的农产品价格涨幅不大，品种不多，另一方面国家对消费农副产品的城市居民进行了适当的补贴，因而整个商业流通领域各类商品涨价幅度不大，少数商品则没有涨价。显然，那次价格只是微调，不可能从根本上解决问题。在改革之初百废待兴，其他各方面的配套改革还没跟上，价格体系改革全面进行也是不可能的。否则，只能是适得其反，有悖改革的初衷。

由于物价改革体现在产品和商品的价格调整上，会引起人民群众支出的增长，因而价格改革又需同工资改革结合起来进行。反过来工资增加了，就是消费资金增加了，消费资金的增加，又容易引起物价的上涨，搞得不好就进入恶性循环的怪圈，引发通货膨胀。

从1984年开始，我国的改革重点由农村转到城市，物价改革问题也随之凸显了出来，而且越来越成为影响其他改革进展的主要制约因素。因而，1984年后我国的物价改革在时快时慢地进行着，但每次物价改革的动作大一点，就会引发一轮搭车涨价之风，即国家对少数商品调价，演变成了几乎所有商品涨价。1986年后，国家为了推进价格改革，对某些紧俏商品采取价格的“双轨制”，即某些紧俏商品中的一部分计划内的方式由国家指令以一种较低价格出售，其余部分以计划外形式采取另一种较高价格出售。这种“双轨制”是造成1987年至1988年初的物价涨价和通货膨胀大狂潮的原因之一，引发了各种社会问题和社会的强烈震荡。可以说，物价改革这个改革的重点难关始终没有闯过去，而这一关闯不过，城市的经济体制改革就说不上取得完全成功。因而长期以来物价改革成了人们忧心忡忡的问题：想进行物价改革，又担心出大乱子，似乎物价改革与出大乱子是有必然联系的。物价改革到底怎么办呢？要不要大幅度地进行？

物价改革10多年了，几经风雨，几起波澜，为什么虽取得一些进展，但没有大的突破呢？对这个问题，人们看法不一。我国经济从80年代至90年代初，还没有发展到商品总量供求平衡的水平，大量的商品求大于供，许多商品缺乏，而且由于价格的扭曲，导致部分生活资料和生产资料缺乏，这是重要原因。由于这一原因的存在，一放开价格后，涨价风潮涌起就不足为怪了。其他的改革配套跟不上去，也是物价改革成效不大的一个重要原因。物价改革受到很多因素的制约，这些制约因素不解决，价格改革也难孤军奋进。人民群众的收入低和心理承受能力差，也是一个重要原因。此外，物价改革措施出台的时间和节奏掌握不太好，也是一个重要原因。到了1992年，情况就大大不同了。随着经济的发展和其他改革措施的出台，特别是邓小平视察南方发表重要谈话后，我国的各项改革都加快了步伐，人民群众的生活水平有了较大提高，通货膨胀也得到遏制，部分商品出现了买方市场，加上以往价格方面的逐步调整，使价格扭曲的情况已经得到了改善，因而物价改革的大环境大为好转，具有了进行物价重大改革的时机和条件。

物价改革的难点和重点是生产资料价格和最基本的生活资料价格的改革，跨过了这两重山，其他的问题就不难解决了。1992年，党中央、国务院审时度势，分别在3月份和9月份相继出台了关于主要生活资料和主要生产资料物价调整的文件，一举闯关，一举过关，一举成功。

1992年3月19日的《人民日报》头版，登载了新华社3月18日的一条电讯，关于国务院近日发出的通知，称下月起提高粮食统销价格，告知人们作为基本生活资料的粮食价格将大幅调升。该讯称：

> 国务院最近发出通知，决定自1992年4月1日起，适当提高统销价格，实现购销同价。……国务院通知规定，按照购销同价的原则，面粉、大米、玉米三种粮食中等质量标准品的统销价格，全国平均每500克提高1角1分，不同地区不同品种，由于情况不同，提价水平有所不同，其他粮食品种的统销价格也按购销同价的原则相应提高。……在提高粮食统销价格的同时，按照国家、企业、个人三者共同负担的原则，给城镇居民适当补偿。这次对职工及其家属的补偿，采取粮价补贴的形式，随职工工资发放。国家机关、事业单位、企业单位每个职工每月给予粮价补贴五元；离退休人员、大中专在校学生、解放军和武警的干部战士，民政优抚对象以及其他需要补偿的人员，也给予适当补贴。……国务院强调，各级人民政府要严格控制粮食提价的连锁反应，采取切实有效的措施，确保“菜篮子”价格和日用工业品价格的基本稳定。

国务院这次对粮食提价的各项内容中，最核心的是“购销同价”。这实际上就是一步放开了粮价，从根本上改变了以前粮食购销倒挂的现象，减少了国家大量的补贴。粮价一放开，其他跟粮食相关的并由粮食价格决定的或受粮食价格制约的其他农副产品，就实际上放开了价格。这说明粮食购销同价的实现，是物价的一个根本性的变革。国家虽对城镇居民和有关方面作了适当补贴，将粮食消费者的暗补转为明补，但毕竟只是补了相当于暗补的一部分，减轻了国家一个十分沉重的财政负担。对于粮食消费者来说，每斤粮价虽然涨了50%的价钱（即0.11元），也没有取消凭票供应制度，但因有国家的补贴，生活水平的提高，食品结构的改善，也无须在粮食定量供应之外，再去购买粮食，许多家庭甚至是在定量供应范围内的粮食也消费不了，某些城里人用粮票换鸡蛋就是一例。再说，农贸市场上粮食的价格跟国家规定的粮食价格相差也不大，城镇居民也无须担心粮价腾升。因而，在国务院调升粮食价格措施出台后，全国各大城市并未出现抢购风潮，其他商品搭车涨价的现象也比较少。虽有少量的商品价格略有上升，但也未引起轮番上涨，居民的心情十分平静。政府部门、物价部门和理论界人士担心的涨价和抢购风潮并未出现。政府部门原来担心“两会”期间粮食涨价，北京大街小巷排起购粮长龙，会给“两会”代表和国际上造成很不好的影响，结果是粮价平稳实现购销同价，所担心的事并没有发生。这实际是给“两会”献上了一份厚礼。国家高兴，代表高兴，人民高兴啊！

正是这次粮食调升价格的成功，为以后取消票证定量供应这个计划经济产物并彻底理顺价格体系打下了基础。以后票证就自然不用了，粮食补贴也无须发放了，城镇居民既可以在国营粮店购粮，也可以用相同的钱在农贸市场购粮，也可用稍微多一点的钱在农贸市场购质量好一些的粮食。农民可以自由卖粮，有些地方出现了个体粮店，不仅对抑制粮价有帮助，而且对方便群众生活也有帮助。1992年以后，粮食价格虽然随着时间的推移上升到同国际市场价格基本一致的水平，但都是市场自发调节的，国家无须为粮价上涨引发通货膨胀和引起社会不稳定的问题担心了。

民以食为天，粮食直接关系到人民群众的基本生活，因而“无粮不稳”，在中国这个发展中的大国尤其如此。粮价改革的成功，为整个物价改革的成功奠定了基础。粮食价格改革成功最有力的证明，是全国物价总水平并未因粮价的调整而大幅上升。国家物价局办公室主任王永治在1992年8月份说：“至6月份，全国零售物价总水平比去年同期上升4.9%。”①

上半年粮价调整获得成功后，党中央、国务院又在考虑攻克另一个物价改革的难点——基本生产资料的价格改革。终于，在8月份国家出台了一些基本生产资料调价的措施。对此《人民日报》9月2日在头版作了报道：“国家物价局为贯彻落实《全民所有制工业企业转换经营机制条例》，把企业推向市场，促进市场体系的发育和完善，在价格改革方面出台了两项新的重大措施。”报道说明了两项新的重大措施的内容：“这两项措施是：通过修订和重新颁布生产资料和交通运输价格管理目录，放开一批生产资料价格，进一步缩小国家管理价格的范围。据统计，在8月29日颁布的修订目录中，国家物价局和国家有关部门管理的生产资料和交通运输价格，由1991年底的737种，减少到89种。其中，下放给企业定价的有润滑油（脂）、原料油、石油沥青、中煤、煤泥、纯碱、铝、铅、部分钢材、石膏、绝大部分机电产品等571种，下放给省、自治区、直辖市物价部门管理的22种。经国务院批准，自9月1

① 李建兴：《价格改革两项重大措施出台》，《人民日报》1992年9月2日。

日起取消原油、成品油、钢材、生铁、铜、铝、锌、锡、镍、纯碱、煤碱等计划外生产资料全国统一最高出厂价或销售限价。”[①] 国家物价局经国务院批准出台的放开一大批生产资料价格，而不是少数几种生产资料价格，以及取消原油、钢材和其他有色金属计划外基本生产资料的全国统一限价，几乎涉及各种重要的生产资料，涉及各个部门和行业，并且是放开价格而不是一般调价，也就是彻底地一步到位地理顺了原来严重扭曲的生产资料价格体系，实现了基本生产资料价格都由市场来调节和决定，因而是物价改革方面的一次十分重大的突破。无疑，这一重大突破有利于社会主义市场经济运行机制的形成，有利于解决生产资料价格的“双轨制”，有利于把企业推向市场，推动企业经营机制的转换，也有利于能源、原材料等基础产业的发展，促进了国民经济健康的发展。

价格反映价值规律。理顺了生产资料的价格体系，就使所有的企业处在比较公平的竞争环境中，为各企业各显其能优胜劣汰创造了条件，由市场引导企业的生产和销售，企业真正做到自主经营、自负盈亏、自我发展、自我约束才有了可能。

国家物价局这两项重大措施出台后，全国各地各行业反应平静，也未出现大幅度涨价的风潮，部分生产资料的价格虽有上涨，但从整体上说，对整体物价的水平影响不大。这标志着国家生产资料价格的改革也获得了巨大的成功。

现在回过头来看 30 年来物价改革的历史，可以得出这样

① 李建兴:《价格改革两项重大措施出台》,《人民日报》1992 年 9 月 2 日。

一个结论：中国物价改革真正取得突破性进展，取得基本胜利的是1992年的物价改革。因此，1992年将作为中国物价改革具有特殊重大意义的一年而载入史册。在1992年以后，物价问题再也不是困扰中国经济发展的主要问题了，再也不会出现以前一度出现的大街小巷人人谈涨价的现象了。

四、加快发展第三产业的《决定》[1]

◎加快发展已成燃眉之急

◎关于加快发展第三产业的《决定》

◎国务院发展科技《纲要》颁布

第三产业是农业、工业和建筑业之外的所有其他产业的总称。社会越发展，第三产业所居的地位越重要，对国家经济所起的作用越大，第一、二产业的发展越依赖第三产业的发展。最典型的对第一、二产业起巨大推动作用的科技、教育、通信等就是属于第三产业。我国在改革开放之前，由于“左”的观念的束缚和“左”的政策的制约，第三产业的发展十分缓慢。“文革”中第三产业更是日趋式微，甚至在某些方面还不如新中国成立之初的1950年。比如说日用品销售的网点和餐饮业服务网点的数量和分布就是那样。很显然，第三产业的发展长期滞后于第一、二产业发展的状况，严重影响了国民经济的发

① 《决定》的全称为《中共中央、国务院关于加快发展第三产业的决定》。

展。我国改革开放深入发展和经济快速增长，但因“左”的观念不是一下子能清除得了的，因而各地在工作中难免有意无意地忽视第三产业的发展，使第三产业发展滞后的问题已越来越突出，由此造成的严重后果逐步显现了出来，使人们不得不重新审视我国的经济结构问题和第三产业的发展问题。分析任何一种现象都需把它放在特定的发生发展的环境中去研究，并将它与同时代的其他地区的同类现象比较，才能得出对这一现象的正确评价。在对我国第三产业的情况进行分析和评价时，也应采取这种态度。

从20世纪90年代初世界范围内绝大多数的经济结构变化的情况来看，第一、二产业所占比重逐渐下降，第三产业所占比重却日益提高。这乃是社会化大生产的必然趋势。尤其进入高科技迅速发展的时代，是走向信息化的时代，是知识经济初现端倪的时代，第三产业在国家经济发展中的地位将更加重要，所占比重将更为加大。就从目前世界上最发达的国家来看，第三产业的增加值在国民生产总值中的比重平均达到70%左右，在第三产业中就业的总人数占就业人口总人数的比重平均也达到70%以上。有些最发达国家，第三产业产值在国民总产值中所占的比重竟高达80%以上。从中等发达国家的情况来看，第三产业增加值占国民生产总值的比重和第三产业就业人员占全体社会劳动者的比重，平均达到50%左右，相当于第一产业和第二产业两者相加的总和。就是在发展中国家，第三产业增加值占国民生产总值的比重和第三产业中就业人员在社会就业总数中所占的比重，也平均达到30%左右。而从我国20

世纪 90 年代初的情况看来，第三产业的增加值在国民经济生产总值中的比例只占 27%，而在第三产业中就业的人口只占社会就业总人口的 18.6%。从以上材料来看，我国第三产业的发展水平落后于整个经济发展水平是不争的事实。因此，我国的第三产业需要一个大的发展。

当经济发展到一定水平时，群众在满足基本生活需要的基础上，要求提高物质文化消费的水平，这就在很大程度上取决于第三产业发展的水平。因而，第三产业的发展速度普遍高于第一产业和第二产业的发展速度，是经济发展的重要规律。而且，第三产业的水平已经成为衡量现代社会经济发展水平的重要标志。

从我国 20 世纪 90 年代的情况来看，我国也必须加快发展第三产业，使第三产业成为国民经济发展的主要支柱产业。因为我国就业人口总量很大，而且待业人口多，就业压力相当大，在国家的资金不足、自然资源也相对不足的情况下，就更需要通过发展与第一、二产业相比投资少、见效快、吸纳就业人口多的第三产业，来促进国民经济的持续增长。况且第三产业的发展会对第一、二产业的发展起巨大的推动作用，别的且不说，科技就会对第一、二产业及第三产业本身的发展起巨大的推动作用。从我国的情况来看，第三产业所占比重太小，因而第三产业有十分广阔的发展前景。人民群众随着自身生活水平的提高，以及农业人口的转移等，也要求第三产业有一个迅猛的发展，一个大大高于第一、二产业发展速度的迅猛发展。

加快发展第三产业对推动我国国民经济的健康快速成长的

作用是多方面的。加快发展第三产业，是优化经济结构的需要，也是促进第一、二产业的需要。提高第三产业在国民经济结构中的比重，一是要增加对第三产业的投入，二是要使第二产业中一些因重复建设、管理不善、效益不高、发展不下去的企业，转搞第三产业。第二种情况，是国家产业结构调整的一个重要方向，既减轻了国家的亏损，又增加了新的利税来源。第三产业的发展必然促进市场机制的形成。完善流通体制，促进生产资料、金融、技术、咨询、信息、人才、劳务、房地产等市场的建立和有计划商品经济新秩序的形成。加快生产要素的合理流动和最佳配置，无疑是第三产业发展的题中应有之义。加快第三产业的发展，对缓解我国就业的压力作用尤其巨大。随着科学技术的发展，我国的第一、二产业有大批的劳动力要转移，而且每年要新增大量劳动力，其中的大部分将从事第三产业。到2000年，我国农业转移1亿～1.5亿个劳动力，城镇每年增加600万以上的就业人口，况且城市中已有几千万的富余劳动力需要安置。第三产业最大的优点就是按等量投资计算，容纳的劳动力比工业多2至3倍。而且第三产业行业多，劳动密集、技术密集、智力密集并存，可以容纳各层次的人员就业。我们还应看到，国家的财政收入将会越来越依赖第三产业的发展。

根据我国当时国情加快发展第三产业，是我国经济发展、体制改革和维护社会安定的一个极为重要的问题。

鉴于发展第三产业有十分重大的意义和我国第三产业落后的状况，党中央、国务院着眼于保持国民经济快速健康发展的大局，着眼于维护社会稳定的大局，在1992年6月16日做出了《中共中央、国务院关于加快发展第三产业的决定》①（以下简称《决定》）。这一《决定》是我国加快发展第三产业的一个纲领性文件；它的出台，对推动我国第三产业的加快发展起了十分重大的作用。

《决定》阐述了加快发展第三产业的重大战略意义。《决定》指出："我国经济已经发展到第三产业的发展速度高于第一、二产业发展速度将给整个国民经济以明显促进作用的阶段，为顺利实现社会主义现代化建设的宏伟目标，必须紧紧抓住这个机遇，把第三产业提高到一个新水平。"《决定》提出："加快发展第三产业，可以促进市场充分发育，提高服务的社会化、专业化水平，增强社会保障能力，有利于劳动工资、价格、企业经营机制和流通体制等一系列改革顺利实施，有利于进一步扩大开放，更多地吸引外资，有利于精简机构、提高效率，逐步改变机关、企事业单位办社会的状况，为改革开放在更广阔的领域向纵深发展创造更好的条件。"《决定》除从政治、经济体制改革方面说明了加快第三产业发展的重大作用外，还指出："加快发展第三产业，既可以调整三个产业比例关系、优化国民经济结构，又是缓解经济生活中深层次矛盾和促进经济更快发展的一个有效途径。"《决定》还指出了加快发展第三产业，对于缓解我国日益严峻的就业压力和满足人民物质文化生活的重大作用，以及在促进两个文明建设中的重大

① 《中共中央、国务院关于加快发展第三产业的决定》，《人民日报》1992年6月30日。

作用。

《决定》对加快发展第三产业的目标和重点作了明确的规定。我国发展第三产业的目标是，“争取用十年左右或更长一点时间，逐步建立起适合我国国情的社会主义统一市场体系，城乡社会化服务体系和社会保障体系。”“第三产业增长速度更高于第一、第二产业，第三产业增加值占国民生产总值的比重和就业人数的比重，力争达到或接近发展中国家的平均水平。”《决定》指出，加快发展第三产业有以下三个重点：

> 一、投资少、收效快、效益好、就业容量大、与经济发展和人民生活关系密切的行业，主要是商业、物资业、对外贸易业、金融业、保险业、旅游业、房地产业、仓储业、居民服务业、饮食业和文化卫生事业等。二、与科技进步相关的新兴行业，主要是咨询业（包括科技、法律、会计、审计等咨询业）、信息业和各类技术服务业等。三、农村的第三产业主要是为农业产前、产中、产后服务的行业，为提高农民素质和生活服务质量服务的行业。四、对国民经济发展具有全局性、先导性影响的基础行业，主要是交通运输业、邮电通讯业、科学研究事业、教育事业和公用事业等。

《决定》还对党中央、国务院加快发展第三产业的主要政策和措施做了说明。《决定》指出，加快发展第三产业要国家、集体、个人一起上。对国民经济发展具有全局性、先导性影响的基础行业主要由国家办，但也需引入竞争机制，在统一规划、统一管理下，动员地方、部门和集体经济力量兴办。《决定》又指出，加快发展第三产业，主要应依靠社会各方面力量，坚持谁投资、谁所有、谁受益的原则，不能过多依赖国家投资。《决定》还指出，要依靠深化改革、扩大开放，加快第三产业发展的步伐。应积极大胆利用海外资金、技术和销售渠道，要通过发行债券、股票等途径筹集资金、推进集团化经营，可以打破部门、地区的界限，直到组建全国性的第三产业企业集团。关于第三产业的经营机制问题，《决定》规定，第三产业以产业化为方向，大多数第三产业的企业应办成经济实体，实行企业化经营，做到自主经营、自负盈亏。关于第三产业的经营方向问题，《决定》指出，第三产业要以社会化为方向，机关事业单位的第三产业部门在不影响保密和安全的前提下，可以向社会开放，提供有偿服务，社会服务组织也可以承揽机关和企事业单位的后勤服务等事务性工作。

《决定》还规定了支持加快第三产业发展的一些措施。如推进劳动人事制度改革，赋予第三产业企业自主权，鼓励工业企业富余人员向第三产业流动，鼓励大学生和转业军人到第三产业单位工作。遵循价值规律，改革价格体系，解决第三产业长期存在的价格补偿不足的问题。鼓励扩大国际化经营，赋予部分大中型商业、物资企业进出口权，有条件的要积极向海外发展。简化审批手续，改变第三产业开业难的问题。加强第三产业的法制建设，保证第三产业在法制轨道上健康发展。加强第三产业的规划管理。《决定》的最后部分要求："全党和各级政府要高度重视第三产业。各级党政干部要统一思想，转变观念，开阔思路，发挥创造性，动员广大干部群众，为加快发展第三产业这一重大战略任务而努力奋斗。”《决定》下发后，全国各地坚决贯彻《决定》精神，采取各种有效措施推动第三产业发展，将第三产业的发展推向了快车道。同时，第三产业也向规范化经营方向发展。

《决定》为全国各行业、各部门加快发展第三产业指明了方向和目标，各行业、各部门根据自己的实际情况，积极发挥自身的特点和优势，在原有第三产业的基础上，加快了发展第三产业的步伐，取得了明显的效益。还有一些行业和部门解放思想，创办了第三产业。此外，第三产业经营的种类迅速增加，经营的范围也大为扩大，全国出现了大力发展第三产业的良好势头。

《决定》公布后，各级各类市场逐步形成和完善，特别是涌现出了一批比较大的统一市场。比如，牡丹江市“以开放边境城市为依托，实行南联北开，经贸并举，除在一些沿海城市、经济特区设立经贸办事处外，还同40多个国家建立了稳定的经贸关系”，“形成国贸、地贸、边贸、民贸多元化兴办贸易的格局”[①]。有的地方甚至利用自己地区的农产品，走出国门搞销售。据报道，山东省寿光县就有10余种蔬菜销往韩国、俄罗斯等7个国家。这个县还从美、德等国引进先进技术、设备和良种，邀请外国专家到寿光考察，合资建立一批蔬菜加工

① 《以开放边境城市为依托牡丹江南联北开经贸并举》，《人民日报》1992年8月7日。

项目，还建立了无公害蔬菜基地。[1]《决定》公布后，全国煤炭市场加速发育，原有国家定价分配指导和定向煤炭在价格上全部放开，全国煤炭产量的50%，即5亿吨开始进入市场。

《决定》发布后，各地纠正“左”的思想观念，废改不合时宜的文件，为个体经济的发展营造好的外部环境。比如河南省在贯彻《决定》的同时，还专门下发了河南省促进个体和私营企业开业条件及放宽生产经营等方面的文件，省政府要求各地认真对照有关政策，转变职能，为个体、私营企业发展办实事，排忧解难。“对故意刁难和歧视的做法，坚决予以纠正。对利用职权，进行吃、拿、卡、要的恶劣行径，发现一起，查处一起。”[2]

《决定》发布后，拥有旅游优势的地区，进一步采取措施，加快无烟工业——旅游业的发展。比如陕西省利用旅游业的优势，大力发展旅游业，使旅游业迅速发展，并带动了相关的第三产业的发展，比如交通、餐饮业等。旅游业的发展，还为引进外资和人才提供了条件。在原有的旅游基础上，陕西省决定大力加强对海外客源市场的宣传和促销活动，在主要旅游客源国家设立办事处，扩大外联队伍；建设一批旅游企业；开辟新的旅游观赏景观，重点抓好秦俑二号坑、黄帝陵、华山索道、曲江池风景区等地区的开发建设，以及革命根据地延安的旅游开发项目；大力研究和开发旅游商品生产，集资兴办中国西安文物交易市场；建设以“外资为主、经营以外商为主、服务以

① 宋学春：《寿光蔬菜篮子“挎”入国际市场》，《人民日报》1992年8月21日。
② 李而宽、王方杰：《河南为个体私营经济撑腰》，《人民日报》1992年8月6日。

外宾为主”和“对内封闭管理，对外开放服务的”旅游特区。黑龙江东部的牡丹江市，“利用境内驰名中外的镜泊湖、中俄边境上的兴凯湖、景色秀丽的国家级森林公园牡丹峰、火山口地下森林、历史悠久的唐代渤海遗址等旅游资源，开辟了中俄边境旅游和跨国旅游”[①]，使旅游人数和收入大幅度增长。

国务院1992年3月8日颁布了《国家中长期科学技术发展纲领》（以下简《纲领》），对1992年第三产业的加速发展极具意义。《纲领》突出邓小平科学技术是第一生产力的思想，全面总结了40年来我国科学技术事业发展的成就、经验和教训，分析了我国面临的形势、国情和科技现状，阐明了我国中长期科技发展的战略目标、方针、政策和发展重点。《纲领》指出：“世界经济发展和科学进步正趋于国际化，科学技术的竞争日益成为国际经济竞争中的决定性因素。”《纲领》认为：“长期以来，我们靠消耗大量资源来发展经济，多数产业的技术和管理落后，产品质量差，经济效益低。我国是世界上单位产值能耗最高的国家之一，而社会劳动生产率只相当于世界先进水平的百分之五左右。这些差距，归根到底是科学技术水平、教育水平和管理水平的差距。”《纲领》强调，“我们要实现国民经济的现代化，极大地提高劳动生产率，关键是实现科学技术的现代化。我们一定要最大限度地发挥科学技术第一生产力的作用，尊重知识，尊重人才，更加自觉地把经济建设转移到依靠科技进步和提高劳动者素质的轨道上来。这一重大决

① 王增伟：《以开放边境城市为依托牡丹江南联北开经贸并举》，《人民日报》1992年8月7日。

策，标志着我国科技、经济、社会发展的历史转变，对于实现本世纪末到下世纪中叶的奋斗目标至关重要。”《纲领》的这些论述，大大提高了全党对科学技术重视的程度，也极大鼓舞了科技人员。《纲领》还对科技发展的战略与方针、科技发展的重点、建立新的科技体制、推进国际合作和交流、改革的措施等方面作了明确的规定，为我国中长期科技的发展指明了方向，有力地推动了我国科学技术的发展。

《纲领》公布后，第三产业中独具意义的科技成果的转化工作也迈出了比往年更大的步子。据《人民日报》记者毕全忠的报道：8 月 10 日，为促使科技成果转化为产业，国务院经贸办、国家教委、中国科学院决定组织产业部门、高等学校、科研院所加紧实施“产学研联合开发工程”。全国第一届产学研联合开发会议在北京召开，与会代表共商加快实施“产学研联合工程开发”的步伐。中科院、国家教委、国家经贸办负责人和各地科研院所、高校以及产业部门的代表共 300 多人出席了会议。国家经贸办负责人在会上透露，“实现产学研联合开发工程第一期的目标是，到 1995 年，在全国合作开发和转化 5 万项新技术、新产品，抓住若干项具有国际水平、成果比较成熟的高技术领域，把分散的产业和科技优势组织起来，形成 2～5 个年销售额在 10 亿元以上的示范性高新技术产业。”①

这次会议后，全国各地产学研联合开发工程陆续启动，并很快取得了积极的成果。有些地区还形成了规模效益，对经济

① 毕全忠：《“产学研联合开发工程”实施》，《人民日报》1992 年 8 月 11 日。

的发展起到了重要的推动作用。比如青岛海洋大学面向经济搞科研，大批科技成果被运用到各种经济部门，产生了很大的经济效益和社会效益。① 山东工业大学积极开发适销对路的新技术、新产品、新工艺，其中50%被社会采用。②

① 林朱夫：《青岛海洋大学科研成果转化快》，《人民日报》1992年8月17日。

② 程福泉：《山东工大从实践中寻找课题》，《人民日报》1992年8月17日。

第五章

对外开放新格局

迎风破浪——1992年的中国

改革开放是强国之路，是新时期最鲜明的时代特点。改革，破除了束缚生产的旧体制，解放了生产力，促进了经济和社会的发展；开放，引进了外国的资金、技术和管理经验，也有力地推动了生产力的发展。中国新时期以来的对外开放政策，对中国的发展起着关键性的作用。

1988年3月，国务院召开沿海地区对外开放会议。会议认为，对外开放9年来，经济特区—沿海开放城市—沿海经济开发区—内地，这一格局为沿海地区转向外向型经济积累了经验。1988年，国家决定在海南岛这个面积接近台湾的中国第二大岛建省，并辟为特区。在沿海部分城市开放后，一些沿边城市经国家批准也对外开放，打开了与异域通商的口子。1990年4月，党中央、国务院决定开发开放浦东，使我国对外开放更上一层楼。浦东作为长江“龙头”的开发开放，对整个长江七省市的开放起了巨大的推动作用。邓小平视察南方发表重要谈话后，我国对外开放的步伐明显加快。据新华社记者宋斌和《人民日报》记者刘杰报道：“继沿海、沿边城市相继开放之后，国务院近日又发出通知，决定进一步对外开放重庆、岳阳、武汉、九江、芜湖等5个长江沿岸城市，哈尔滨、长春、呼和浩特、石家庄等4个边境、沿海地区省会（首府）城市，太原、合肥、南昌、郑州、长沙、成都、贵阳、西安、兰州、西宁、银川等11个内陆地区省会（首府）城市，实行沿海开放城市政策。”①

至此，我国在 80 年代末形成的经济特区—沿海开放城市—沿海经济开发区—内地，包括不同开放层次、不同开放功能的、梯度推进的格局的基础上，将对外开放由南向北，由东向西推进，初步形成了全方位开放的新格局。1992 年，党中央、国务院的对外开放思路是大开放的思路。邓小平 1989 年就提出要大开放，在视察南方的重要谈话中又强调开放的胆子要更大一些，解放了人们的思想。党中央、国务院“大开放”思路，具体表现为面向整个世界开放，发动一切地区开放，开放扩及各个领域。这一思路，极大地推动了我国对外开放的开展。在党中央和国务院对外大开放思路的推动下，全国对外开放进入了一个新的发展时期。

一、沿海大开放

◎用好先机的广东

◎巧用地利的福建

◎西南出海通道广西

◎华北重镇天津

◎特而又“大”的海南

◎各具特色的沿海其他地区

◎东海海域大开放

① 本报合肥 8 月 13 日电：《国务院决定沿江内陆一批省会城市实行沿海开放城市政策》，《人民日报》1992 年 8 月 14 日。

沿海城市，特别是毗邻台港澳的沿海城市，具有得天独厚的对外开放条件，所以我国对外开放首先是从广东的深圳和珠海（毗邻香港）、汕头（毗邻澳门）及福建的厦门（毗邻台湾）开始的。自邓小平提出创办经济特区后，这几个经济特区实行对外开放，经济得到了迅速发展，市政面貌迅速改观。仅以1986年为例，四个经济特区的“工农业总产值达76亿元，出口创汇近10亿元”[①]，特别是深圳，在创办特区后经济迅速发展，短短的几年就由一个破落的小渔村崛起为一座现代化的城市，其高速发展令世界叹为观止，深圳因而被称为“一夜城”。1984年沿海从北起河北的秦皇岛，南至广西的北海共14个城市的进一步开放，以及1988年海南岛被宣布为大特区后，沿海“新月形”对外开放的格局正式形成。1992年，这个“新月形”沿海开放带的对外开放，展现出了更大的魅力和作用。

广东，是我国对外开放最早，也是对外开放力度最大，对外开放条件最好的省份，因而也是对外开放取得成就最大的省份。广东仅1991年就实际利用外资25.82亿美元，自实现对外开放以来实际利用外资已达150亿美元。[②] 来自韩国、日本、美国等30多个国家和地区的许多国际大财团和跨国公司到广东投资，而且投资金额增大，投资也趋向长期化。还有一些国家和地区的财团公司，对广东表现出浓厚的投资兴趣。到1992年上半年，广东全省的外企达到1.8万家。1991年广东的“三

---

① 人民出版社编辑部：《中共十一届三中全会以来大事记》，人民出版社1998年版，第225页。

② 史美泗：《广东利用外资规模空前》，《人民日报》1992年2月16日。

资”企业和外来加工企业出口创汇就达到61.66亿美元，仅深圳1991年就出口创汇34亿美元[①]，显示了对外开放的巨大成果。邓小平视察南方发表重要谈话后，全省干部进一步强化了开放意识，决定更大胆地扩大开放，使广东的对外开放迈开了更大的步伐。1992年2月下旬，广东省决定：着重抓好拓展对外开放的形式，扩大海外市场；放宽开放的政策，提高审批工作的效率；加强对海外华侨和港澳同胞的工作，抓紧培养造就扩大开放所急需的各种人才和切实加强管理等工作。广东省还把全省划为三种类型的地区，分别采取相应的扩大开放的措施。对全国对外开放“窗口”和基地地区，即经济特区、经济技术开放区、沿海开放城市和高新技术开发区，要求这些地区要用好现有政策，充分利用现有的区域提高开放的程度和水平，着力引进新技术，增强吸收力和辐射力，通过多种形式充分利用特区的辐射、窗口、桥梁和跳板作用。对珠江三角洲和各地兴办的一些很有前途的经济区，要求从各自优势出发，有选择地引进外资企业，原有的“三来一补”劳动密集型企业向内地转移，自身则加快建设，办成类似特区那样开放、繁荣的经济区。对与珠江三角洲相连的东（潮汕地区4市）西（粤西沿海3市）两翼和广大山区，要求扩大开放覆盖面，要在90年代发展大批“三资”企业和“三来一补”企业，特别是广大山区需因地制宜，选准突破口，以扩大开放促进开发。为了进一步扩大开放，广东“交通、口岸建设已全面铺开，工程浩大

① 王楚：《深圳去年出口创汇34亿美元》，《人民日报》1992年2月10日。

的广（州）湛（江）铁路已横贯两翼，贯通东翼的广（州）汕（头）铁路的建设也在抓紧推进。珠海的西区、广州的南沙、惠州的大亚湾等经济区的开发正在扎扎实实地拓展。地处山区的清远市开发的扶贫开发区，首批‘三资’企业，‘三来一补’企业和内联企业近日已奠基”[①]。这是广东为了加快开发山区而筑巢引凤，以便引进外资参与广东山区对外开放。“清远市的扶贫经济开发区，是全国第一个借鉴沿海特区经验，以扶贫解困为目标的试验区，首期开发 1.5 平方公里，土地被国内外客商抢购一空。肇庆市北内岭旅游开发区，规划面积 9 平方公里，准备建设 43 个项目，投资 35 亿港元，目前，我国香港、台湾地区和日本、韩国的企业集团竞相签约，协议投资额已逾 17 亿港币。此外，韶关市的‘粤北工业开发区’等也引起了海外投资者的关注。”[②]

福建省因与台湾隔海相邻，是台湾到大陆最近的地区，又最早创办了经济特区，因而在我国对外开放格局中也是重要地区。早在 1992 年 1 月下旬福建省就召开了对外工作会议，布置 1992 年的扩大开放工作。会议强调，“全省上下需进一步解放思想，充分发挥创造性，采取大动作，加快对外开放步伐，促进全省经济建设更快地向前发展。在会议上省委做出了 90 年代福建‘南北拓展，中部开花，连片开发，山海协作，共同发展’的对外开放新格局。”[③]

---

① 梁兆明：《广东更大胆地扩大开放》，《人民日报》1992 年 3 月 2 日。

② 刘霄：《外商投资挺进广东山区》，《人民日报》1992 年 6 月 14 日。

③ 潘帝都：《福建对外开放有新措施》，《人民日报》1992 年 1 月 28 日。

根据这一部署，福建省以几个重点城市为中心和依托，带动全省的全面开放。闽南的厦门，要发挥开放排头兵的作用和两岸交流的重要“窗口”和基地作用，以更快的步伐建设成以工业为主，科技先导，金融、贸易、旅游、信息、咨询、房地产等第三产业发达，综合性、外向型的社会主义经济特区和现代化港口城市，带动九龙江口的开发，向闽南和闽西地区拓展，形成以外向型企业为主的闽南三角洲地区。闽北的福州，要建成贸易、工业、科技为一体，第三产业繁荣的开放城市，连接福清、长乐、连江形成闽江三角洲开放地带。闽中地区，以泉州、莆田两市为中心和依托，加快港口和新型工业区的建设，逐步形成以重工业、旅游和出口加工为主导的综合经济区域，带动闽中地区的开放和开发。福建省委为了实现这个目标，在1月份对外开放工作会议召开后不久，专门制定和下发了《关于加快综合改革试验，进一步扩大开放，推动外向型经济发展的决定》，省政府也制定了关于扩大沿海、山区对外开放的两个政策性文件。在邓小平视察南方发表重要谈话和全国“两会”后，福建及时对原对外开放战略进行了补充。各级领导深入基层考察指导工作。“截至1992年7月，福建累计签订外商投资项目1761项，总投资达120亿美元，其中利用外资93亿美元，预计今年实际利用外资可逾10亿美元，可创历史最高纪录。全省土地成片开发也获突破性进展，上半年累计已批准立项或动工51片，面积43平方公里，吸收外资8.25亿美元。此外，外贸出口和进口也分别比去年同期增长32%和52%，对外承包工程、劳务合作以及国际旅游业也获得较大的发展。”[①] 厦门是福建十分重要的对外开放前沿和阵地，在福建对外开放中具有十分重要的地位。厦门自1981年被辟为经济特区后，利用毗邻港澳、著名侨乡和台湾同胞主要祖籍地等独特的有利条件，大力开展对外合作，并将杏林、海沧地区划为台商投资区。“到1991年底，厦门共批准台商直接投资合同504项，台商投资金额10.16亿美元。”“台商已经形成厦门特区最大的经济合作伙伴。”[②]

广西的北海市是1984年被定为对外开放的14个沿海城市之一，当时也是中国最南端的一个对外开放城市。由于其地处北部湾，背靠大西南，是西南五省区最方便、最快捷的出海通道，又面临东南亚，是中国大陆通往东南亚、西亚、非洲和欧洲最近的港口，而且又西溯越南，与中国最大的特区海南省隔海相邻，具有“一城系四南”的地理地域优势，也是我国民族自治区中的唯一一座对外开放的沿海城市。尽管在对外开放的格局中这个城市不大，但因其所处的“特殊位置”而有特殊的价值，注定了它的发展前景是十分广阔的。1984年对外开放时，北海只有10万人口，产值1.4亿元。1992年，北海市已经建成了全天候机场，现代化的大港口和由港口码头经济区北部湾大道直去首府南宁的二级公路已经建成，以及其他一批交通工程的完成，从硬件上强化了北海市“一城系四南”的通道作用。随着微波通信大楼的建成，北海的程控电话可以直拨世界上184个国家和地区，以及一大批高、中档宾馆的建成，使

---

① 潘帝都：《福建抓紧落实对外开放的政策措施》，《人民日报》1992年8月15日。

② 石兆彬：《闯出发展外向型经济的新路》，《人民日报》1992年5月8日。

北海市的投资环境和市政面貌发生了巨大的变化。北海市还有丰富的旅游资源。由于北海市的发展前景广阔，不仅兄弟省市纷纷到北海投资，海外商家也积极到北海投资。截至 1991 年底，北海经批准的“三资”项目已达 107 项，建成投产的“三资”企业 44 家。[①]

广西依托北海支持北海，在 1992 年头 5 个月，全区批准利用外资项目 138 个，利用外资合同金额 1 亿多美元，分别比上年同期增长 2 倍和 3 倍，新办外资企业 158 家，相当于上年新办总数的 90%。广西区委、区政府规划全区经济发展新布局，以北海、钦州、防城 3 个海滨城市为重点，抓好沿海、沿边、沿江的进一步对外开放；办好玉林、柳汕、桂林 3 个不同类型的综合改革试验区；搞好右江红河谷和红水河 2 个开发带，简称“332”战略，以此带动全区经济的更快发展，进而更好担负起广西作为大西南重要出海通道的时代使命。

天津作为我国沿海重镇城市，1984 年对外开放后，利用外资和发展外贸，以及引进外国先进技术和管理经验方面，都不断向前发展。天津建立了享受国家优惠政策的开发区、保税区、新技术开发区，逐步形成了滨海、市区、郊区三个不同层次的对外开放地带。天津保税区对天津的对外开放予以新的推动。经国家批准的天津保税区从 1991 年 10 月招商至 1992 年 5 月短短的几个月时间，批准了 100 多家企业，总投资额达 2.59 亿美元，其中外资 9679.6 万美元。1992 年天津进一步发挥其

① 邵华泽、郑盛丰：《北海市加快开发前景广阔》，《人民日报》1992 年 8 月 29 日。

对内、对外开放的前沿、窗口、桥梁作用，面向全市，面向腹地，面向海外，形成对内对外两个扇面的轴心，在扩大招商、发展大型“三资”企业、吸引“龙头龙尾”项目及推进高科技产业化等方面取得新的进展。天津市委提出解放思想，大胆实践，加快开放步伐，在外贸出口方面切实实施多元化战略，广开渠道对外开放。仅1992年1月份，全市外贸创汇1.4亿美元，比去年同期增长13.2%；新增“三资”企业43户，投资总额1.31亿美元，分别比去年同期增长115%和428.6%。邓小平视察南方发表重要谈话后，天津进一步扩大了对外开放的步伐。

海南省是中国最大的经济特区。论对外开放的先后来说，海南不占先机，但一经开放，就不同凡响。1988年海南被批准为经济特区以后，海南省大力推进基础设施建设，大力改善投资环境，积极外引内联，使海南的经济发展水平迅速提高。1992年1月，中央政治局委员、国务院副总理田纪云亲临海南视察，对海南取得的成绩予以了充分的肯定，并对今后的发展作了指示。田纪云在听取关于洋浦开发区的汇报后说：

> 党中央、国务院领导同志很关心和支持洋浦的开发。采用由外商投资成片开发的方法，总体上是可行的，海南省政府和各有关方面要本着既积极又稳妥的精神，认真研究可行的实施方案，抓紧落实，尽快启动。①

① 王辅捷、王国雄：《要进一步加快改革开放步伐》，《人民日报》1992年1月29日。

海南经过4年艰苦创业，投资环境明显改善，具备了大规模开发的条件。投资从硬环境来说，以海口、三亚市移动电话开通为标志，海南邮电通信形成了完整的体系，全省市、县全部实现电话自动化。海口、三亚7市、县可与全国900多个城市、世界195个国家和地区直拨长途电话。公路交通南北3条干线贯通，东南4条横线联结。20个港口新增16个生产泊位，其中万吨级泊位4个。海口、三亚开辟了20多条国际国内航线。全省电力装机容量81.5万千瓦。从软环境来说，海南推行“小政府、大社会”的体制，提高了办事效率；为保护投资者利益，颁布实施了《海南经济特区外商投资条例》等145项地方性法规和行政规章；开展扫黄、社会治安综合治理，树立了海南省的文明形象。由于投资环境的改善，外商投资海南的势头很好。仅以1992年1月为例，全省外商实际投资1791万美元，批准外商投资企业49家，吸收外省投资9038万元，批准内联企业35家。[①] 3月上旬，国务院总理李鹏主持国务院会议，批准了海南省吸收外商投资开发建设洋浦经济开发区。1992年3月，有关洋浦开发区的12项管理法规已经拟出，有关专家正在进行证论，其中《洋浦开发区管理条例》已臻于完善。依据这些法规，洋浦开发区将实行比当时国内的保税区更优惠、更开放的政策，外商只要遵守中国宪法和法律，在开发区内享有充分的经营管理自主权。[②] 截至3月份，洋浦开发区内，总投资5000万美元的国际商业大厦已投入使用，已建成

① 鲍洪俊、林凤生：《海南已具备大规模开发条件》，《人民日报》1992年3月1日。
② 周长新：《洋浦开发准备基本就绪》，《人民日报》1992年3月15日。

两个 2 万吨级的码头，曾成功地停泊过一个 4.6 万吨级外轮，并装卸作业。洋浦区与海南岛两条干线公路相连的 60 公里的疏港公路已投入使用，洋浦地面卫星通信站已经建成，一条 3.5 万伏的输电线已经架通，海南最大的松涛水库容量 33 亿立方米，可以为开发区提供充足水源。洋浦开发区的开发和开放，使海南的对外开放进入了一个新的阶段。

“两会”以后，海南进一步解放思想，大力营造符合国际惯例的投资环境。1992 年 5 月省政府成立外引内联项目联合审查办公室，实现一个窗口对外，而且是先批企业，后批项目，与国际通行的一个窗口对外审项目的惯例接轨，大大简化了审批环节，受到了外商的欢迎。投资环境的改善，推动了外商对海南投资的扩大。仅 1992 年上半年，海南就“批准了外资企业 436 家”，“合同总额 4 亿美元”。①

在沿海开放带中，江苏的连云港是一个具有战略地位的城市。连云港是我国上海至青岛之间的一个最大的港口，而且是中国中部的铁龙——陇海和兰新铁路以及由兰新铁路连接西亚和欧洲的亚欧大陆桥的桥头堡，是亚欧大陆桥的唯一出海通道，因而具有十分重要的地位。连云港人意识到连云港不仅是连云港人的连云港，而且是江苏、陇海兰新线，以至亚欧的连云港。中国中部“铁龙”贯穿中国八省区，“龙头”就是连云港。基于这样的认识，连云港人体会到，要真正发挥桥的作用，“就不能只热衷于在自己的地基上搞自己所有的经济，而

① 鲍洪俊：《海南放手按国际惯例办事》，《人民日报》1992 年 7 月 28 日。

是首先着眼于社会生产力的发展，敞开大门，按照市场需求和通过市场机制，让各种优势在这里结合”[①]。树立了这样的观念，连云港人积极引进外资和国内其他地区的资金开发连云港，搭起与各方合作之“桥”，搭起与亚欧大陆桥边各城市友好之“桥”，使连云港的港口建设发展迅速。“1992 年，建设后的连云港港口可以停靠 15 万吨的船只，年吞吐量将是 1 亿吨”[②]。1992 年 12 月 1 日 1 点 20 分，首次从连云港直接驶达欧洲的列车从连云港出发，使拟议多年的亚欧大陆桥终成现实，连云港作为“大陆桥头”的地位给连云港带来了新的发展机遇，也给江苏进一步对外开放注入了新的动力。

山东是我国对外开放的先进省份。1992 年，山东省把更多地利用外资发展“三资”企业和“三来一补”项目，作为加快对外开放的战略重点，以更大的气魄走向国际经济舞台。为了进一步加快开放脚步，1992 年初山东省委、省政府决定对外开放走好四步棋。一是广开筹集外资渠道，尽快办成一批大的外资项目。1992 年突出抓好 30 多个千万美元以上的大型骨干项目建设。二是利用外资对现有企业进行技术改造，选择相当数量的企业进行整体嫁接。三是鼓励乡镇企业放开手脚涉足国际市场。四是扩大对外经贸技术交流。为了更好地对外开放，“山东采取措施进一步完善外商投资环境，济南大型机场正在突击施工，确保 6 月建成通航；济（南）青（岛）高等级公路正在抓紧建设，力争明年竣工通车；青（岛）烟（台）威

① 艾丰：《大陆桥头说新桥》，《人民日报》1992 年 12 月 15 日。
② 艾丰：《大陆桥头说新桥》，《人民日报》1992 年 12 月 15 日。

（海）环海公路扫尾在即，年内可全线贯通；青岛、烟台、威海、日照等港口的配套建设，逐渐趋于完善；迅速发展的沿海地区和省会济南到各市地的微波、光缆长途传输网以及市话通讯，都为外商来鲁投资提供了越来越好的工作环境”[①]。山东拥有青岛和烟台这两个沿海对外开放城市，海岸线占全国海岸线的六分之一，拥有全国二分之一的海洋科技人才。1992 年山东省积极开发海洋资源，被称为建设“海上山东”。1992 年他们把发展海洋渔业同发展外向型经济结合起来，以青岛、烟台、威海、日照为前沿，以乡镇企业为主体，牵动地方、国营、村办企业大力发展“三资”企业和“三来一补”项目。[②]

辽宁是我国东北唯一的沿海省份。辽宁的沿海开放带中，大连是一个别具特色的城市。大连与韩国和日本隔海相望，自 1984 年对外开放后，不仅自身经济获得很大发展，投资环境迅速改善，而且对整个辽宁的发展起了重要的作用。大连作为一个美丽的海滨城市和优良的港口，在旅游、贸易、运输等方面对外开放，推动了整个辽宁的对外开放。1992 年 6 月，大连经国家批准，继上海、天津、深圳设立保税区后设立了保税区。大连保税区的建立，不仅使大连对外开放大进了一步，也带动了辽宁经济的发展。

我国的环渤海地区，北起辽宁的丹东，南至山东的青岛，海岸线长 5800 公里，包含辽宁、河北、天津、山东三省一市的 18 个地市的两大半岛，计有 17 万平方公里的区域，是我国

① 贾建舟：《山东扩大开放决定走好四着棋》，《人民日报》1992 年 3 月 10 日。
② 贾建舟：《齐鲁儿女建设海上山东》，《人民日报》1992 年 6 月 22 日。

的一个“黄金海岸”。改革开放以来的环渤海地区，以大连、秦皇岛、青岛、烟台等开放城市为支撑，积极扩大开放。到1992年上半年，这个地区“已先后建起了20多个开发区和上万个开发项目。除天津、大连、青岛和秦皇岛开发区是国家正式批准建立的，其余全是各地自费创办起来的。此外，在这一地区，修公路、修铁路、建机场、筑海港，引进现代化通信设备等建设项目也正悄悄进入高潮”①。

在中国沿海城市和省份相继对外开放后，中国的部分海域也相继对外开放，欢迎外商参与勘探和开发。1992年6月30日，中国的东海对外开放，向世界展开了欢迎的双手。“至此，北从渤海湾到北部湾，我国辽阔的渤海、黄海、东海和南海全部进入开放行列。”② 中国的东海海域是当时世界上为数不多的海洋石油勘探处女地之一，许多外国石油公司一直希望中国开放东海海域。中国海洋石油总公司根据《中华人民共和国对外合作开采海洋石油资源条例》的规定，并经国家能源部批准，于6月30日，向各国石油公司驻华代表机构发布了合作勘探海洋石油的第4轮招标通告。向外国开放的东海近海领域面积共有14.56万平方公里。同时，近海深度50～100米海域的开放，不仅因大量勘探设备和支出会带动有关企业的发展，而且对提高我国的石油天然气产量，促进上海的开发和整个东南沿海的经济发展，都具有重要意义。

1992年沿海的大开放，从地域上来说是沿海陆地和海域

① 刘海民、马魁君：《环渤海地区自办开发区》，《人民日报》1992年3月5日。
② 张超文、费伟伟：《我国东海对外开放》，《人民日报》1992年7月1日。

的全方位的联合的大开放，从对外开放的行业和部门来说，只要符合“三个有利于”的就对外开放；从对外开放的层次来说，从低到高都有，因地制宜，适合什么层次，就采取什么层次；从对外开放引进技术方面来说，能有多高科技含量，就有多高科技含量；从外资办企业的形式来说，可以采取外商愿意采取的各种形式；外商创办的企业性质，无论是资金密集型还是劳动密集型的，都可以。总之，1992 年我国沿海各省市的对外开放是形式多样、色彩纷呈的，有力推进了全国对外开放的步伐。

二、沿边大开放

◎“东联沿海省，西向东南亚”的云南

◎变“末端”为“前沿”的西藏

◎“东联西出”的新疆

◎用好北疆“深圳”的内蒙古

◎“南联北开”的黑龙江

◎从“内陆”走向“大海”的吉林

我国的沿边省区是山区居多，交通不便，经济不发达，但我国沿边省区也有自身的优势，如有可供开发的资源，与外国接壤，有便于开展边境贸易等对外开放的有利条件。在邓小平视察南方重要讲话的鼓舞和推动下，1992 年我国沿边各省区进一步解放思想，全面推进了对外开放。

云南是在我国西南边陲与越南、老挝、缅甸接壤，与泰国、柬埔寨一江相连，是我国通向东南亚重要的陆上门户。由于我国奉行睦邻友好的方针，向周边国家实行全方位开放，发展同我国的友好关系，加上国家十分支持边疆省份扩大对外开放，1992 年 6 月国家又决定昆明市、畹町市、瑞丽市、河口县对外开放，昆明实行沿海开放城市的政策，畹町市、瑞丽市、河口县将扩大对外经济管理权，实行沿海经济开放区的一些政策措施，[①] 这些都使云南面临着大开放的机遇。根据云南独特的区位优势和资源优势，1992 年初云南省制订了"东联沿海省，西向东南亚"的东西并进、双向开放战略，即加强与沿海特区、开放城市和开放省的联系，巩固和发展已经形成的与 100 多个国家和地区的经贸合作，引进资金和技术，增加出口创汇，把开放的重点放到周边国家，使边贸在边境全面展开，并向更高层次、更广阔的区域发展；从中国走向亚太，在广阔的舞台上参与世界经济的循环和竞争，使云南的对外开放出现一个新局面，经济再上一个新台阶。[②] 为了实现上述目标，云南集中力量办好 10 件事：一是搞好同周边国家的关系，二是积极发展边境贸易，三是加强与周边国家的经贸科技合作，四是建立边境开放区，五是充分发挥昆明在全省和东南亚地区的作用，六是大力发展旅游业，七是加快交通和通信建设，八是改革外贸体制，九是扩大与沿海省区的联合交流，十是加大投

① 新华社北京 6 月 15 日电：《滇桂七城镇进一步对外开放》，《人民日报》1992 年 6 月 16 日。

② 和志强：《东联沿海省西向东南亚》，《人民日报》1992 年 6 月 26 日。

资，改善投资环境。[①] 为了能够把这10件事做好，云南省委省政府采取5个配套措施：一是进一步解放思想，二是全面深化改革，三是加快人才培养，四是坚持两个文明一起抓，五是转变政府职能，提高办事效率。

西藏是我国内陆高寒地区，没有沿海的对外开放环境，但在1992年积极创造条件，迈开了对外开放的步伐。为了将西藏与内地长期形成的单向经济循环扭转为国内、国际双向经济循环，实现内联与外联并举，变国内经济的“末端”为面向南亚的“前沿”，西藏自治区政府决定在5个方面扩大开放，努力扩大对外经济技术合作和横向经济联合，在拉萨筹建轻工小区和经济技术开发区。积极争取国外中长期低息贷款和无息贷款；国内外来藏投资不受地区、部门、行业限制，投资形式和经营方式可灵活多样，在沿海特区、开放城市和开发区举办联营或独资经济实体，鼓励在邻国兴办独资或联营企业。进一步发展和扩大对外贸易，稳定和发展传统农畜土特产品出口，扩大民族手工产品出口，开拓矿产品出口，调整进口商品结构，优先安排企业进口技术改造和重点建设所需技术、设备、材料，拟在轻工小区内设出口加工区。变国内经济的“末端”为面向南亚的经济“前沿”，扩展和搞活与南亚国家印度、缅甸、不丹等国的边民互市贸易，大力发展出口和转口贸易，逐步进入南亚市场。开发旅游资源，拓展旅游市场。依照这样的决定，1992年西藏的对外开放搞得有声有色。[②]

---

① 和志强：《东联沿海省西向东南亚》，《人民日报》1992年6月26日。
② 刘伟：《西藏在五个方面扩大开放》，《人民日报》1992年5月9日。

新疆是我国面积最大的区，面积占全国的六分之一，也是我国与相邻国家数目最多，与外国接壤边界最长的省级自治区，分别与俄罗斯、哈萨克斯坦、塔吉克斯坦、吉尔吉斯斯坦、阿富汗、印度、巴基斯坦等国相邻，因而新疆有得天独厚的沿边开放的条件。1992 年 6 月，国务院对新疆维吾尔自治区党委、人民政府向党中央、国务院呈送的扩大开放的报告作了批复，为新疆维吾尔自治区这个西部边陲地区成为对外开放的前沿，国务院给了八条优惠政策。

国务院决定，通过贯彻“全方位开放，向西倾斜”和“内联外引，东联西出”的方针，形成以乌鲁木齐为龙头，以伊宁、博乐、塔城为窗口，以沿周边国家开放带为前沿，以铁路沿线开放为依托，以东部省区为后盾，覆盖全区的开放网络和多层次、多渠道、多形式合作、多元化市场的开放格局，使新疆成为东联西出的枢纽和连接中亚与西亚、欧洲市场及现代“丝绸之路”上的活跃区。这一决定开创了新疆对外开放的新局面。国务院关于加快伊宁、博乐、塔城三个边境城市开放步伐，赋予或委托三市行使部分相当于自治区级的管理权限的决定，使这三个市能够在对外开放方面有更大的能动性，使三市的对外开放实现了根本性的飞跃。

为了促进南疆地区的发展，国务院决定，以边贸启动，促进南疆经济发展：通过南疆边境陆路口岸出口南疆自产商品全部放开，且有易货经营权的企业均可经营，不再履行审批手续，南疆边境各地区、自治州及市、县均可设立一家边贸公司，其他有经营能力的企业，亦可扩大经营范围，从事易货贸易。这一条规定，无疑激发了南疆地区的活力，使南疆经济迅速发展。

国务院还规定进一步开放乌鲁木齐，在乌市争取试办国际金融机构，办国际展览和会议等，进一步增强乌市的商贸中心城市和国际航空港的功能。国务院的批复还规定，坚持办好奎屯、石河子经济技术开发区，搞好沿边沿铁路“两线”开发带建设，大中型企业都可直接参与对外经贸活动；把东部地区的资金、技术、人才、信息、管理和经营方式等优势与新疆的地缘优势、资源优势紧密结合起来，共同开拓中亚、西亚乃至东欧、西欧市场。

内蒙古自治区与俄罗斯、蒙古有漫长的边界线。内蒙古满洲里市与俄罗斯相邻。改革开放以来，内蒙古积极对外开放，取得了可喜的成绩。经过前几年的建设，满洲里已经发展成为“我国向北直至欧洲开放的重要通道，进出口贸易十分活跃，中国的轻工、日用品、食品等，源源不断运往俄罗斯、东欧，境外的化肥、木材等产品，大量运来。满洲里利用连接欧亚大陆桥的优势，大胆跻身国际经济舞台，日益显露诱人的魅力”[①]。截至1992年6月，全国绝大多数省、市、区都在这里建立了窗口单位，每年在这里举行商品交易会。独联体、蒙古、日本等各国贸易界人士纷至沓来，国内企业、商界来的人数更是一年比一年多。满洲里还利用绿茵草原和碧波荡漾的湖泊等优美景观来发展旅游业，并开辟了满洲里至俄罗斯赤塔的

① 傲腾：《满洲里“南联北开”贸易活跃》，《人民日报》1992年6月8日。

购物三日游，吸引了不少中外游客，1992年就超过了5万人次。[1]

国家为了推动内蒙古的对外开放，还决定在我国北方从黑龙江省的乌苏里江到新疆的阿勒泰这片辽阔的北方开放带上，把满洲里办成我国北疆的“深圳”，更给满洲里和内蒙古带来了很大的机遇。满洲里人民决心抓住这一历史性的机遇，切实贯彻国务院将满洲里建成我国北疆“深圳”的决策，进一步对外开放，把满洲里建成一座国际性商业大城。满洲里市已划出一个经济开发区和保税仓库，向国内外招商，并与俄罗斯合作，共同兴建大型中俄互市贸易区。中外客商已积极前来投资。仅1992年的前4个月，满洲里市便与140多家企业签订合作协议，投资达1亿多元。[2]

黑龙江是我国重工业的基地，但到了80～90年代因产业结构的问题，背上沉重的包袱。但黑龙江利用自身的优势，自1988年开始，随着中苏关系的缓和，黑龙江与苏联的边境贸易和技术合作就全面展开了，发展迅速。1992年后，黑龙江与接壤的俄罗斯联系更加密切。在邓小平南方谈话的鼓舞下，黑龙江人开拓思路，决定扩大开放的范围和探索新的对外开放形式。

1992年3月，国家为了推动沿边的进一步开放，批准开放黑龙江的东北边境城市黑河市和绥芬河市，以及吉林的珲春和内蒙古的满洲里。这是国家推进沿边地区对外开放，实现睦

① 傲腾：《满洲里“南联北开”贸易活跃》，《人民日报》1992年6月8日。
② 傲腾：《满洲里“南联北开”贸易活跃》，《人民日报》1992年6月8日。

邻、兴边、富民、强国的重大战略决策，给黑龙江对外开放以新的推动。黑龙江利用自身有利条件和中央给予的优惠政策，全面推进对独联体国家的经济贸易合作；进一步开放黑河、绥芬河市；发展境外合作，特别是同独联体国家的合作；坚持连续办好哈尔滨洽谈会；强化政府组织协调功能，扩大同独联体国家的合作规模；办好哈尔滨高新技术产业开发区，扩大开放领域；积极引进外资和内资；鼓励外商成片开发荒地；组织国营大中型企业搞境内嫁接和境外经营，实行多元化战略；加强基础设施建设；提高办事效率。

黑龙江在扩大对外开放的同时，还积极推动对内开放。比如，仅黑河市就与上海、北京、广东、福建等20多个省市建立了对外贸易和技术协作关系。1992年3月，黑龙江口岸的物资中，有48%来自全国各地。[①]

吉林省委、省政府认识到："不怕身居内地，就怕思想封闭。"必须抓住历史机遇，把吉林这个内陆省（准确地讲应是边疆近海且可以直接出海的内陆省）推向改革开放的前沿和现代化商品经济的"大海"，在更广阔的天地里竞争、发展。改革开放要有大视角、大思路，要把本省、本市、本地作为中国改革开放和经济发展的有机组成部分，作为亚太经济起飞的参与者；改革开放要有大眼光、大谋略，克服内陆劣势，发挥内陆优势，把"内陆"省变成"开放"省，在更广大的范围内勾画经济发展蓝图；改革开放要有大气魄，大步伐，敢为天下

① 万贵生、龚达发、陈华：《发挥沿边优势》，《人民日报》1992年3月31日。

先，要用改革开放的力度，弱化和消弭自己的地域劣势；改革开放工作要细，作风要实，要把力量下在内功上，使外向发展有一个坚实的基础。思想的大解放，必然带来改革开放的迈大步。1992 年，吉林的对外开放步伐明显加快。

吉林省对外开放城市珲春市在吉林省的最东部，面积 5100 平方公里，与俄罗斯和朝鲜交界。1992 年 3 月，国家批准吉林唯一的边城珲春对外开放，给吉林带来了对外开放大发展的新机遇。吉林省党政领导认识到，要搞好吉林与俄罗斯和朝鲜等国的经济贸易，首先必须充分发挥珲春市的作用，为此必须把珲春市的硬、软投资环境搞好，逐步形成省内乃至整个东北的对外开放带。在此前提下，要“充分利用国家批准省会长春市享受沿海开放城市有关政策的有利条件和珲春开放区地理位置优越、国际环境有利、国家政策优惠等有利条件，积极开拓国际市场，发展外向型经济，以此辐射和带动全省经济起飞，与兄弟省市一道加速前进，使我国经济发展能够更好更快地上一个新台阶”[①]。1992 年的吉林，义无反顾地融入了中国对外开放的“大海”之中。

三、万里长江腾巨龙

◎“龙头”昂起

◎“龙身”呼应

① 何竹康：《破除“内陆意识”加快改革开放》，《人民日报》1992 年 8 月 3 日。

◎“龙腰”起摆

◎七省市通力舞巨龙

长江是我国最大的河流，也是世界第三大河流，是中国的黄金水道。长江是中国一条不断流的不结冰的黄金运输水道，交通方便，又给两岸广大地区提供了排洪、灌溉之便，整个长江流域的经济发展水平长期处于全国各流域的首位，成为国家重要的经济带，工农业总产值占全国的40%，可开发水资源占全国二分之一，内河航运量占全国四分之三，地下储藏也极为丰富。长江的出海口上海不仅是我国的最大城市，而且是我国最大的港口。20世纪80年代初，我国三分之一的外贸物资要从上海出海，上海本身的外贸也是全国第一。上海还具有门类齐全的工业，有丰富的科技人才资源。如果在20世纪80年代初将上海辟出一块地方为特区，其作用将会很大。邓小平1991年与上海同志谈及没有坚持及早让上海辟出一块地作特区时，曾说：“浦东如果像深圳经济特区那样，早几年开发就好了。开发浦东，这个影响就大了，不只是浦东的问题，是关系上海发展的问题，是利用上海这个基地发展长江三角洲和长江流域的问题。”①

邓小平指出了开发浦东的重大意义，对上海人民是极大的鞭策和鼓舞，也激发了全国开发浦东的积极性。1990年初，邓小平果断决策将浦东作为特区开放开发，并以浦东开放开发

① 《邓小平文选》第三卷，人民出版社1993年版，第366页。

为龙头，带动整个长江流域的开放和开发。1990 年 4 月，党中央、国务院正式批准浦东开放开发后，使上海的对外开放进入了一个新时期，也给整个长江流域的对外开放掀开了新的一页。

开放开发浦东是上海对外开放的重头戏。党中央、国务院做出开放开发浦东，并将开放开发浦东作为国家对外开放的重点后，浦东的对外开放立即起步，迅速出现了外商和国内其他省市、自治区投资浦东的热潮，浦东的建设以飞快的速度发展，投资环境迅速改善。浦东这个黄浦江以东，只有 140 万人口和 350 平方公里的地方变化之快，令世界瞩目。

1992 年初，为了进一步支持浦东新区的开放开发，中央扩大了上海审批权筹资权。这是两年前国务院给了浦东新区 10 项优惠政策后，再次给上海优惠政策。这次增加优惠政策中审批权的主要内容是："授权上海自行审批在外高桥保税区的中资和外资从事转口贸易的企业；授权上海市自行审批浦东新区内国营大中型企业产品进出口经营权；扩大上海市有关新区内非生产性项目的审批权；扩大上海市有关新区内生产性项目的审批权，总投资 2 亿元以下的项目，可以自行审批；授权上海市在中央规定的额度范围内自行发行股票和债券，允许全国各地发行的股票在上海上市交易。"① 这次中央给予上海优惠政策中筹资权的主要内容为："每年发行 5 亿元浦东建设债券；在原来每年中央给上海 1 亿美元借款的基础上，从今年起每年增

① 萧关根：《中央扩大上海审批权筹资权》，《人民日报》1992 年 3 月 11 日。

加2亿美元优惠利率借款；允许上海在原定额度以外，再发行1亿人民币股票，用于浦东开发；允许上海每年发行1亿美元B种股票；在以前已拨款2亿元人民币的基础上，今年再增加1亿元拨款给上海。”[①] 中央决定这5项筹资权在1992～1995年有效。上海如果对以上筹资权运用得好，可以每年增加40亿元建设浦东新区的资金。

上海为了用好中央新给予的10项优惠政策，加快浦东新区的开发开放，决定采取5项配套重要措施：增加改革力度，理顺管理体制，实现浦东新区新旧管理体制的转换；改善招商服务，简化审批手续；组建外高桥保税区管理委员会，使保税区投入正式营运；深化金融改革，完善股票市场；实行地价优惠政策，吸收内外资金投入。到1993年以前，新区各类用地均按1991年度的价格出让，三年不变。中央新给予上海的5项审批权和5项筹资权，以及上海自身配套的5项政策，给浦东新区的进一步开放开发注入了新的动力。

1992年2月21日上海证券交易所一声洪亮的铜锣声，宣布我国首次对海外发行的B股开始交易。这是上海全方位开放的新标志。1992年，上海将通过发行B股试点，促进全市形成包括合资、合作、独资、股权投资的多元结构。这说明以浦东开发为新的起点，上海的金融市场已从多方面与国际金融市场接轨。浦东开发后，即成立了全国第一家证券交易所，批准美国花旗银行、英国巴克莱银行、日本兴业银行、日本三和银

① 萧关根：《中央扩大上海审批权筹资权》，《人民日报》1992年3月11日。

行、法国里昂信贷银行、法国东方汇理银行等设立上海分行，并建立中外合资的国际财务公司和联合财务公司。

浦东开放开发后，140 亿元的十大基础建设项目进展迅速，南浦大桥和公路拓宽工程等或完工或加紧施工，使投资环境大为改善，仅引进的外资企业就有 175 家。“八五”期间浦东开发需要的 500 亿元资金的筹集渠道已基本落实。

上海直接参与国际市场竞争，已在世界 35 个国家和地区建成 201 家海外企业，多层次拓展海外经贸业务。浦东新区实行了一些比经济特区还优惠政策的效应，表现在“第三产业的开放上”。世界经济日趋一体化的主要标志，是第三产业中的金融、商业、贸易、信息、技术一体化。而上海浦东这五个方面形成了五股洪流，带动了全浦东、全上海的发展，也影响了全国。上海自开放以来，投入 200 亿元改善了投资环境，吸收外资 34.4 亿美元，闵行、虹桥、漕河泾三大开发区，分别在经济效益好、吸收外资多、技术层次高方面而享誉海内外，加上浦东的开放开发进入实质性的阶段，上海的投资环境得到了极大的改善。上海作为长江巨龙的“龙头”已经高高昂起。

长江三角洲是中国的“金三角”，主要是在江苏和浙江境内，这里的工农业总产值的数量十分可观，人民生活也普遍比较富裕，对外开放也比较早，在长江流域中有着十分重要的地位。浦东开放开发后，长江三角洲的地位更显重要。为了进一步推动长江三角洲的发展，国务院 1992 年 6 月 24 日至 27 日在北京召开了长江三角洲及沿江经济规划座谈会，会议要求以上海浦东的开放开发和长江三峡工程建设为契机，推动长江三角洲及沿海地区的开放开发和经济发展，使长江沿江地区开放步子更大一些，改革更深入一些，在注重经济效益的前提下，发展速度更快一些。①

江苏是全国经济最强的省份之一，1992年评比的农村综合实力百强县（市）的前10名中，江苏就有5名，而且无锡县（今锡山市）、武进县、江阴市居于第一、二、三名。江苏也是我国对外开放的先进省份，在引进境外资金、技术和管理经验方面，一直走在全国的前列。党中央、国务院决定开放开发浦东，也给紧临上海、作为上海主要腹地和重要依托的江苏带来了对外开放的大机遇。江苏省珍惜这一历史性的机遇，大大加快了对外开放的步伐。浦东一开放开发，江苏就行动了起来，在浦东购置了一批土地，一批企业进入了浦东，毗邻上海的昆山开发区加快了建设速度，以便通过浦东这个“窗口”和“桥梁”扩大对外开放。在1992年全国人民代表大会期间，江苏代表孙家正说：“好的机遇正向我们走来，千万不能错过。”“我们的思想要再解放一些，把江苏放到长江三角洲开放开发的大背景下，既要主动为浦东开发服务，更要借这股东风使江苏的改革开放跃上新台阶。”②

1992年初，江苏沿江7个市都初步拟定了利用浦东开发开放的历史性机遇，进一步扩大对外开放的规划。江苏全省则把发展外向型经济作为“牛鼻子经济”来抓，“省、市、县、乡、

① 吴士深、何平：《长江三角洲及沿江经济规划座谈会召开》，《人民日报》1992年6月29日。

② 王咏赋、马健：《跟着“龙头”动起来》，《人民日报》1992年3月25日。

村五个层次一起上，工农商各个行业齐动手，出现了多层次，全方位发展外向型经济的新局面”①。据统计，1992 年上半年江苏的进出口比上年同期增长 25.8%，上半年新批“三资”企业的合同金额达 12.69 亿美元，比上年同期增长 3.1 倍，上半年对外承包劳务合同金额达 1.2 亿美元，比上年同期增长 1 倍。② 苏南外向型经济起步较早，1992 年更上一层楼，主动接受浦东辐射，外贸、外资、外经一起上，出现了超常规、跨越式发展的态势。③ 苏北也奋起直追，“连云港、盐城、徐州等市的外商投资都成倍地增长，‘三资’企业效益明显提高，出现了一大批‘创汇大户’。全省创汇额超过 1000 万美元的三家‘三资’企业，有两家是在苏北”④。被国人赞许的江苏乡镇企业，成为发展外向型经济的重要力量，外贸供货额占全省的 40%，“三资”企业数则占全省的 60%。⑤

江苏的港口在江苏对外开放中扮演着重要的角色。1982 年至 1986 年，南通港、张家港、南京港和镇江港先后对外开放。到 1992 年，这些港口建成使用的外贸泊位万吨级有 42 个，千吨级 22 个，年吞吐能力 3010 万吨，待在建的 13 个外贸泊位建成后，年吞吐能力将达到 4000 多万吨。四港形成了一整套规范的对外运内运的服务系统。四港对外开放，有力促进了江苏外贸运输业的发展。四个港口开辟了日本、朝鲜、新

① 周华、龚永泉：《江苏全方位发展外向型经济》，《人民日报》1992 年 7 月 7 日。
② 周华、龚永泉：《江苏全方位发展外向型经济》，《人民日报》1992 年 7 月 7 日。
③ 周华、龚永泉：《江苏全方位发展外向型经济》，《人民日报》1992 年 7 月 7 日。
④ 周华、龚永泉：《江苏全方位发展外向型经济》，《人民日报》1992 年 7 月 7 日。
⑤ 周华、龚永泉：《江苏全方位发展外向型经济》，《人民日报》1992 年 7 月 7 日。

加坡以及西北欧各国等10多条航线。运输方式也由单一的江海航空，发展到水、陆、铁、空联合联运，外贸运输量1992年达到1000多万吨。四个港口的对外开放，改善了江苏的投资环境，促进了江苏外资的引入和外向型企业的发展。四个港口的对外开放，直接带动了江苏沿江工业带经济走廊的建设。长江沿海已建立了包括仪征化纤工业联合公司、华能电厂、南京炼油厂、扬子石化集团公司等一批用水量大和运输量大的企业。沿江各市、县利用港口优势，大力推动城市建设，形成了“以港兴城，以城兴港”的新局面。1992年，江苏的港口建设的速度明显加快。不仅沿海、沿江大港口建设，而且沿河的一些小港口的建设，都加快了步伐。

长江三角洲的南部处于浙江省内，即浙江的杭嘉湖地区和绍兴市、宁波市。这里是全国最发达的地区之一，也是对外开放的先进地区。宁波紧临上海，又有优良的港口条件，加之许多台胞原籍宁波，因而便于大量引进外来资金。对外开放后，宁波在引用外资方面取得的成绩很大，1991年就批准了外资企业183家，总投资2.54亿美元，协议利用外资1.75亿美元。1992年，宁波利用外资出现了更好的势头。产业结构日趋合理，经济效益大幅度提高。现在外商投资企业中，生产型、技术先进型及出口创汇型企业占80%以上；合作伙伴增多，大型外资项目突破较快，已有24个国家和地区到宁波投资，其中台商尤为活跃。① 1992年宁波利用外资，还出现了

① 慎海雄、伟伟：《宁波外商投资势头好》，《人民日报》1992年2月14日。

“投资分布由点到面逐渐由沿江沿海向内地辐射”[①]。温州人利用温州毗邻台湾和自身善于经商的优势，在1984年对外开放后，大力发展与台湾的贸易，大量引用外资发展第三产业，经济迅速发展，迅速成了全国有名的富饶地区，其发展道路被称为“温州模式”。1992年3月，国务院批准温州成立经济技术开发区，给温州的对外开放又增活力。在温州市率先办6家中外合资房地产开发企业之后，宁波、杭州也迅速展开。杭州市仅3月份就批准了4个涉外房地产开发项目，有的中外合资开发，有的公开招标吸引外资直接开发。1992年，浙江沿海开发区利用外资大规模推进，特别在全省引进外资的重点开发区宁波市，1～2月已签约外商直接投资达3204万美元，比去年同期猛增了16倍。“外商独资企业”与“三资”企业产品出口迅速增长。浙江省“三资”企业在去年产品出口3亿多美元的基础上，1992年1～2月产品出口3400多万美元，增长幅度达23％。[②] 截至1992年6月，杭州、宁波、温州、绍兴、嘉兴、湖州等经济开发区已开辟1万多公顷地块，吸引外商争相前来投资开发，并在一批重点风景旅游区，着手合资旅游项目。[③]为了进一步扩大开放，1992年9月，浙江组织了一次利用外资洽谈会。在这个会上，推出了近千个项目，吸引了20多个国家和地区的客商，签订了472项利用外资合同与意向，总投资

① 慎海雄、伟伟：《宁波外商投资势头好》，《人民日报》1992年2月14日。
② 高海浩：《浙江改善对外开放“软环境”》，《人民日报》1992年4月9日。
③ 高海浩：《浙江对外开放呈现好势头》，《人民日报》1992年7月11日。

近40亿美元，协议利用外资21.5亿美元。[①] 1992年浙江与上海加强了合作。浙江与上海携手合作建设浙江的北仑港，就是其中的一例。北仑港是紧临上海的天然良港，可以成为上海港的一个分流港和中转港。经过多年的建设，北仑港已经建立了一批万吨级和10万吨级的泊位，已经开通了国际集装箱装卸业务。对这样一个优良港口的进一步开发和利用，不仅对浙江发展至关重要，对上海浦东的开放和开发也有重要意义。上海和浙江的领导表示，利用现有泊位开展国际集装箱运输业务，联合建设北仑港三期矿砂中转码头，逐步形成我国进口矿砂中转基地。

1992年6月，国家决定开放芜湖、九江、岳阳、武汉、重庆5个沿长江的城市。至此，长江沿岸的10个主要中心城市已全部对外开放。[②] 这是党中央、国务院继批准长江下游5个沿江主要中心城市对外开放后，推动长江流域对外开放的又一重大步骤。这5个中心城市经济实力不一，对外开放也各具特色。

安徽的芜湖市，是安徽省的主要出江通道，因而芜湖的对外开放对安徽省有特别重要的意义。芜湖人知道自己肩上的担子重量，因而努力提高自身素质，大力改善投资软硬环境，在对外开放方面迈出了大步子。1992年的前4个月，新办“三资”企业已超过前10年的总和，外贸收购总额比去年同期增

① 高海浩：《浙江吸收外资40亿美元》，《人民日报》1992年9月13日。

② 高峰、陆斌：《长江沿岸芜湖、九江、岳阳、武汉、重庆开放》，《人民日报》1992年6月19日。

长39.8%。[1]

合肥是安徽的省会，在国家加快开放开发长江流域决策的鼓励下，提出了全力变内陆城市为沿江城市的发展战略，力争把合肥“搬”到长江边，带动全省“借江出海”，使经济建设跨上新台阶。[2] 合肥属于长江流域，离芜湖市路程不远，是“襟江带淮”之地。从城内流过的南淝河到巢湖，再从巢湖向南可通长江，经合肥到芜湖走高速公路只需1小时。为了加快挺进长江的步伐，合肥加快建设通往合肥机场的公路，疏浚南淝河，使千吨船只往返畅通。国家重点项目合肥至九江铁路，当时即将上马的南京至襄樊的铁路，使合肥的铁路出口由2个增加到5个，对合肥挺进长江有极大的帮助。由于合肥市依托长江扩大开放，1992年上半年工业产值、销售额、实现利税分别比去年同期增长235%、18.2%、32.3%，乡镇企业产值、利税增长85.5%、79%，外贸出口总额完成年计划的68%，利用外资总额大大超过去年总和。[3] 用好国家给合肥和芜湖享受的沿海开放政策，建设芜湖港，使外轮能够进港，黄山机场获准建立空港口岸，安徽形成了前所未有的对外开放局面。

武汉是华中重镇，工业、商贸、金融、交通、科技发达，在扩大对外开放方面大有潜力可挖。1992年6月国务院批准武汉为对外开放城市后，武汉加快了对外开放的步伐。九江、岳阳、重庆等市在被批准对外开放后，也纷纷加快了对外开放的

---

① 张振国：《芜湖干部在开放中学习开放》，《人民日报》1992年6月4日。
② 张振国、刘杰：《合肥借江出海全面开放》，《人民日报》1992年7月27日。
③ 张振国、刘杰：《合肥借江出海全面开放》，《人民日报》1992年7月27日。

步伐。

“巨龙”中段起舞了。

党中央、国务院做出开放开发浦东，并要求浦东带动整个长江流域发展的战略决策后，长江沿岸七省市就自发地加强了联合。特别是1992年6月党中央、国务院召开了长江三角洲及沿江经济规划座谈会后，沪苏浙皖赣鄂川七省市迅速向当地干部和群众传达了座谈会精神。“敞开城门，发挥整体优势和综合效益，共舞长江巨龙”，是长江两岸的热门话题。

座谈会后，上海率先行动，宣布对沿江省份来到浦东参与开发的，给予8个方面的优先，包括优先接纳进入外高桥保税区开展外贸业务，优先准许兴办金融保险业及批发零售商业，优先给予在浦东落户口并提供商品房等便利条件。其他省也积极发扬协作精神，促进联合。1992年6月，沿江23个城市已经建立了稳定的经济协调组织，并形成了以上海、南京、武汉、重庆为中心，联结周围60多个地市的四大协作区。自中央宣布开放开发浦东以来，各协议区进行经济协作项目4200多项，相互融通资金182.5亿元，商品交易额达343.33亿元。截至1992年6月，沿江23个城市开通长话线路2434条。由沿江各城市组成的长江联运总公司建立了长江与沿海港口之间的江海联运网络。① 沿江各城市彼此互为市场、互为基地，共促经济发展。上海投资3亿多元用于长江沿岸原材料基地建设和补偿项目，并扶助80多个沿江城市企业为桑塔纳轿车国产化

① 高峰、陆斌：《长江沿岸区域经济合作迅速扩大》，《人民日报》1992年6月26日。

配套。沿江地区还以各种形式呼应，共建以浦东开发为龙头，以三峡工程为重点，以沿江城市为依托的长江经济带。

四、地区大联合

◎西南地区大携手

◎中南地区大协作

◎西北地区联合“走西口”

1992 年，我国各省、区、市不仅各自在对外开放方面都迈开了大步，而且在联合对外和相互开放方面也迈开了大步。其突出表现为地区之间的大联合。

西南五省区七方是指云南、贵州、四川、广西、西藏、重庆和成都。1991 年下半年以来，这一区域联合开发资源取得了很大成绩。六盘水地区的资源综合开发利用已进入实施阶段；西藏与贵州合作兴建的西藏山南铁合金厂即将投产；由国家能源公司和贵州、云南联合投资的响水电站的建设已完成了前期工作。

在交通方面，各方都想方设法加快西南出海通道铁路、公路和港口建设的步伐。已经动工兴建的南宁至昆明的铁路投资 8100 万元，新建和改建省与省之间的断头公路 317 公里，长江上游的码头、航线建设也都加紧进行。

在贸易方面，各方共举办具有一定规模和特色的商贸交易会 50 多次，成交额达 55.3 亿元；1991 年，滇桂两省边境贸易额37亿元，西藏边境口岸贸易也开始起步。

在科技合作方面，区域科技市场信息网络初步建立；筛选出30多项实用技术成果在西南五省区七方推广，对400多个项目进行了合作研究和开发。

1991年6月至1992年6月，西南五省区七方共执行协作项目633个，新增产值7.5亿元，新增税利1.3亿元，各方共引进资金2.2亿元，拆借资金27.5亿元，商贸和物资交易额55.3亿元，有力地促进了各方的经济发展。

西南五省区七方在1992年7月27日至29日的第九次经济协调会上商定，“在扩大对外开放和联合协作中，今后要围绕共同开拓东南亚、南亚市场这个重点，抓好交通、口岸和通信设施的建设，力争南昆铁路提前两年完工”①。

中南地区由广东、湖南、湖北、河南、广西、海南和广州、深圳、武汉9省（区）市组成。1992年11月，9省（区）市的代表在广州出席了中南经济技术协作区第七次联席会议，共商进一步加强经济技术合作的大计。与会98名代表具体分析了中南地区的特点和整体优势，提出共建高速公路、民航营运、铁路、金融市场、股市联网、培育区域性市场、加强合作进入国际市场等重点项目，争取国务院有关部门大力支持推进实施。

中南经济技术协作区自1990年第六次联席会议至第七次联席会议之间的两年中，经济技术合作取得了很大的成绩，表

① 任维东：《西南五省区七方联合促进开放开发》，《人民日报》1992年7月30日。

现在合作的重点项目进展很快。例如广西、广东和广州市等省（区）市共同投资27亿元兴建的广西平果铝基地，已于1991年建成投产。广东与国家能源公司、广西、贵州合资29.5亿元兴建的天生桥水电站二级电站一期工程装机44万千瓦，已近完工；一级站装机120万千瓦的建坝工程也已开工；与此相配套的50万伏1000公里的超高压线路也于1992年内架通。

中南各省（区）市联合发展外向型经济势头迅猛。协作区各方在广东沿海与经济特区建立的企业290多家，协议投资额达2亿美元，引进外资近1亿美元，联营外贸创汇额达6亿美元。[①]

中南各省（区）市之间的地方行业协作区也蓬勃发展，出现了大别山经济协作区、鄂东南经济协作区等。

我国西北地区对外重要通道在新疆。西北五省区联合“走西口”对外开放，成了西北五省区的共识。西北五省区为了进一步加强联合对外开放和相互开放，以及共创对外开放新局面，1992年6月派负责同志赴北京举行了五省区代表座谈会，共商进一步改革开放、加快西北地区经济发展问题的大计。李鹏总理出席座谈会并讲了话。李鹏说，为了加快西北的发展，国家当前主要是集中力量搞好宝（鸡）中（卫）铁路的建设，搞好西北的公路、机场以及水电建设，扩大对内对外交流，搞活企业，带动大西北发展。[②] 李鹏勉励西北各省区“抓住当前

① 梁兆明：《中南迎来区域经济协作黄金时期》，《人民日报》1992年11月13日。

② 引自刘振英、徐耀中：《中央决定采取一些新政策新措施力争全国经济更好更快上新台阶》，《人民日报》1992年6月8日。

有利机遇，扩大与周边邻国，特别是中亚国家的贸易和经济合作”[①]。这次座谈会后，西北各省区的联系得到进一步加强。

在对外开放方面，西北五省区在1992年获得了飞速的进展。新疆利用自己与8个国家接壤的优势，和亚欧大陆桥的向西出口通道的便利，充当西北五省区共同向西边邻国开放的桥头堡，和货物向西边邻国出口的共同口岸，1992年上半年地方边贸出口8021万美元，比去年同期增长4倍。为了加强联合，发挥整体优势，共创共同对外开放的新局面，新疆还积极筹办经贸洽谈会，为西北五省区相互进行经贸和科技交流活动，以及与西边邻国进行经贸交流和科技交流提供场所和机会。

西北五省区负责同志座谈会的召开，乌鲁木齐边境贸易洽谈会的举行，标志着西北五省区在中央的关怀和支持下，共同“走西口”的对外开放局面已经形成。

1992年外国来华投资呈现了新势头。外贸部有关负责人将这种新势头的特点概括为四个方面：一是外商投资出现良性循环，吸收利用外资大幅度增加。这是由于外商到中国投资成功率高，经济效益好，已投资的纷纷追加投资，新客商踊跃投资。二是高新技术产业的项目和大项目增加。三是世界著名大公司、跨国集团投资增加，明显出现钟情地区。美国的杜邦、IBM、3M、福克斯波罗、卡博特、开利王安电脑，英国的皮尔金顿、高特士、BOC，日本的欧姆龙、三菱、NEC电器，

① 引自刘振英、徐耀中：《中央决定采取一些新政策新措施力争全国经济更好更快上新台阶》，《人民日报》1992年6月8日。

法国的埃尔夫，荷兰的壳牌等世界著名公司和跨国公司，到中国投资越来越多，仅在上海投资的世界著名跨国公司就有 40 多家。[①] 四是外商投资开始由沿海开放地区向内地推进，由城市向乡镇扩散，由开发区向周边地区蔓延。长江三角洲的江苏、浙江两省，每年新批外资企业在农村投资的占一半以上。福建的龙岩、三明、南平、宁德四个内地山区，“三资”企业已发展到近 500 家。[②]

1992 年，我国利用外资的领域更为广阔，特别是外资进入了各地的第三产业的许多部门。将外资引入第三产业，有利于加快我国第三产业发展的步伐，使第三产业迅速改变落后面貌，这有利于我国学习外国管理第三产业的经验。

① 余瑞：《外商来华投资呈现四个新势头》，《人民日报》1992 年 1 月 26 日。
② 余瑞：《外商来华投资呈现四个新势头》，《人民日报》1992 年 1 月 26 日。

第六章

肩负重大历史使命——中共十四大

迎风破浪——1992年的中国

一、序幕拉开

◎江泽民“6·9”讲话

◎军队率先响应

◎十四大筹备完毕

1992年2月28日，中共中央发出了关于传达邓小平同志主要谈话的通知，印发了1月18日到2月21日邓小平在武昌、深圳、珠海、上海等地的谈话要点。3月9日到10日，中共中央政治局在北京召开政治局全体会议强调，必须坚定不移地贯彻执行党的“一个中心，两个基本点”的基本路线，抓住当前有利时机，加快改革开放的步伐，集中精力把经济建设搞上去，沿着中国特色的社会主义道路继续前进。

在中央的通知和政治局全会内容精神的鼓舞下，全国各地、各条战线都兴起了学习邓小平视察南方谈话精神，抓住机遇，深化改革，扩大开放的热潮，准备以改革和建设的优异成绩，迎接党的十四大的胜利召开。

为进一步统一全党思想，深刻领会和全面落实邓小平重要谈话精神，集中精力把经济建设和改革开放搞得更快更好，6月9日，中共中央总书记江泽民在中共中央党校向省部级进修班的全体同志发表重要讲话。他强调指出，现在从中央到地方党委的一个重要任务，就是要深刻领会和全面落实邓小平同志最近的重要谈话精神，进一步发挥广大干部和群众的积极性、主动性和创造性，使其成为加快改革开放和经济建设的强大动力。

江泽民一共讲了9个方面的问题：

关于抓住当前的有利时机，加快改革开放和经济建设的发展的问题，他认为：第一，抓紧有利时机，积极创造条件，力争以更快更好的速度前进，切不可过于求稳而丧失时机，迈不开发展的步子。第二，全国各地的情况和条件千差万别，在发展速度上要坚持从实际出发，不作统一的规定。凡是有条件搞得快一些的就搞得快一些，只要是质量高，效益好，能适应市场需求变化的速度，就应该放胆去做。第三，要更新观念。不要一讲加快发展，就走到过去那种片面追求产值、指标和片面扩大基建规模的老路上去。第四，中央经济主管部门要深入下去，帮助地方和企业进行深入研究，找到搞好企业改革的路子，并为它们加快发展创造有利条件，切实搞好服务，改进宏观管理。

关于改革也是革命，改革也是解放生产力的问题，他指出，我们过去长期实行的是高度集中的计划经济体制，这种经济体制曾经起过重要作用，但是这种经济体制存在权力过分集中的弊端，存在忽视商品经济、忽视甚至排斥市场经济作用的弊端，等等，越来越不适应现代化生产的要求，束缚生产力的发展，以致往往把整个经济搞死，使其失去生机和活力。因此，对这种高度集中的计划经济体制进行根本性的改革势在必行，否则就不可能实现我国的现代化。改革原有的经济体制，是为了清除不利于生产力发展的障碍，使生产力进一步得到解放，从这个意义上说改革也是一次革命，改革也是解放生产力。

关于积极向资本主义国家学习和借鉴有用的东西的问题，他强调，这应该引起我们进一步重视。加快改革开放步伐，应该包括大胆吸收和借鉴人类社会创造的一切文明成果，吸收和借鉴当今世界包括资本主义发达国家的先进经营方式和管理方法。

关于加快经济体制改革的问题，他讲到，加快经济体制改革的根本任务，就是要尽快建立社会主义的新经济体制。而建立新经济体制的一个关键问题，是要正确认识计划与市场问题及其相互关系，就是要在国家宏观调控下，更加重视和发挥市场在资源配置上的作用。……现在可以这样讲，经过 10 多年的探索和总结国内外经验，我们对建立社会主义的新经济体制在理论上和实践上的认识，已经比较成熟了，在全党也进一步统一了，完全可以进入加快实施的阶段了。要加快新经济体制的建立，当前必须抓紧解决几个关键性问题。一是思考转变政府职能，切实实行政企职责分开；二是抓紧企业特别是国营大中型企业经营机制的转变，扩大企业的自主权；三是更新计划观念，转变计划管理职能和方式；四是大力培育市场，建立统一的完备的社会主义市场。

关于推进政治体制改革的问题，他认为，我们的改革是社会主义改革，是对存在弊端的原有体制的革命，目的是使我国的社会主义制度更加完善，更加增强生机与活力。我们进行的政治体制改革，不是走西方民主政治的道路。它所遵循的方向和目标是，建设中国特色的社会主义民主政治，健全社会主义法制，切实保障人民群众当家作主的权利。

关于坚持“两手抓”的方针的问题，他要求各级领导干部要坚持“两手抓”，一手抓改革开放，一手抓打击各种犯罪活动。这应当成为我们领导现代化建设和改革开放的一个重要指导思想和领导方法、领导艺术。他进而说明了为什么要这样做的理由：其一，只有这样做，才能有效地防止和减少各种丑恶现象的发生。其二，只有这样做，才能使我们在把经济建设搞上去的同时，人民的思想道德、科学文化素质和社会秩序、社会风气都能随之搞好、提高，才能促进社会的全面进步和整个社会文明的全面发展。

关于解放思想、实事求是，要警惕右但主要是防止“左”的问题，他指出，思想不解放，脑筋不换，一切工作都很难推动。思想解放了，脑筋活了，想问题的面就宽了，无论是发现和选拔人才，无论是克服前进中的困难和障碍，无论是开拓新的领域和新的事业，办法就会更多，路子就会更广阔。……所谓解放思想，就是勇于冲破落后的传统观念的束缚，善于从实际出发，努力去开拓进取。在防止和反对错误倾向的问题上，要警惕右，但主要是防止“左”。“左”的表现是不用马克思主义的立场、观点、方法分析变化了的客观实际，不容易接受改革开放的正确政策，甚至怀疑和否定改革开放，认为搞改革开放就会走向资本主义道路，仍用过去那种“阶级斗争为纲”的思想来影响乃至冲击经济建设为中心。右的表现主要是怀疑和否定四项基本原则，搞资产阶级自由化，甚至制造政治动乱，企图改变我们的社会主义制度和改革开放的正确方向。无论是“左”还是右，都会给党造成巨大危害，都可以葬送社会主义。“左”和右都是片面的，它们产生的根源都是主观唯心主义。

关于加强党的建设和提高党的领导水平的问题，他讲到，切实加强和改善党的领导，努力提高全党的战斗力是全面推进中国特色的社会主义事业的关键。党的建设和党的领导方式、方法等要随着时代的发展而相应地加以改变或改进。我们要根据邓小平同志建设中国特色社会主义的思想，从理论和实践上加以努力，在经济建设和改革开放中大力推进党的各方面建设。

关于贯彻落实小平同志的谈话精神的问题，他指出，在贯彻落实小平同志的谈话精神和组织实施中央的各项工作部署中，一定要结合本地的实际，使之具体化。要真抓实干，少说空话，多办实事，鼓实劲，出实效。

江泽民的这篇讲话高度评价了邓小平重要谈话的中心思想，在全面分析当时国内形势的基础上，回答了改革开放和发展经济需要解决的一系列重大问题，对贯彻落实邓小平谈话精神提出了明确要求。这对全党和全国人民加深理解邓小平重要谈话精神，进一步统一思想认识，推进各项工作具有重大的指导意义。它同时也为中共十四大的主题做了铺垫。

江泽民党校讲话引起了各方面的关注。6 月 15 日，解放军总政治部向全军发出通知，要求全军认真学习江泽民在党校的重要讲话，紧密联系部队的思想实际，认清改革开放的大好形势，坚定建设有中国特色社会主义的信心，更好地履行我军职责，为改革开放、发展经济“保驾护航”。全国其他单位和行业的群众也认真学习、领会这一讲话精神，并将之付诸本单位、本行业的实际工作中，以出色的成绩迎接党的十四大召开。

江泽民的党校讲话可以说是在适当的时机、适当的地点，对适当的对象发表的适当的重要讲话，它对明辨一段时期内理论宣传界的是非，激励和引导全党党员和全国人民全面理解和正确运用邓小平重要谈话精神起了关键性的作用，也坚定了全国人民对即将召开的党的十四大的信心。

在全党和全国人民的期盼中，1992 年 10 月 5 日至 9 日，中国共产党第十三届中央委员会第九次全体会议在北京举行。全会在民主、团结的气氛中，经过深入讨论做出决定：党的第十四次全国代表大会将于 10 月 12 日在北京举行。全会讨论通过了中央委员会提交十四大的报告和党章（修正案），提请十四大审议。中共中央总书记江泽民在全会上作了重要讲话。10 月 9 日，中央纪律检查委员会第九次全体会议和中央顾问委员会第九次全体会议也在北京举行。两个会议讨论并通过了各自的工作报告，提请十四大审议。这些会议的召开为党的十四大胜利开幕作了充分的准备。

二、特色理论

◎系统阐述

◎“如果没有邓小平同志……”

◎指导地位

1992年10月12日，肩负着加快改革开放和现代化建设步伐的重大历史使命的中国共产党第十四次全国代表大会在北京人民大会堂隆重开幕。到会的2000名代表带着5100万党员和11亿人民的嘱托步入人民大会堂参加这次为期一周的盛会。

上午9时整，中央政治局常委李鹏宣布大会开幕，军乐团高奏雄壮的《国际歌》。主席台正面墙上，10面鲜艳的红旗簇拥着金色的党徽。9时5分，中共中央总书记江泽民在热烈的掌声中走上讲台，向大会作题为《加快改革开放和现代化建设步伐，夺取有中国特色社会主义事业的更大胜利》的报告。

江泽民的报告共分四个部分：（一）14年伟大实践的基本总结；（二）20世纪90年代改革和建设的主要任务；（三）国际形势和我们的对外政策；（四）加强党的建设和改善党的领导。其中，最引人注目的是第一部分中关于建设有中国特色社会主义理论主要内容的阐述和第二部分关于社会主义市场经济体制的说明。

江泽民在十四大报告中具体说明了建设有中国特色社会主义理论的主要内容：

——在社会主义发展道路问题上，强调走自己的路，不把书本当教条，不照搬外国模式，以马克思主义为指导，以实践作为检验真理的唯一标准，解放思想，实事求是，从实际出发，建设中国特色社会主义。

——在社会主义发展阶段的问题上，做出了我国还处在社会主义初级阶段的科学论断，强调这是一个至少上百年的很长的历史阶段，制定一切方针政策都必须以这个基本国情为依据，不能脱离实际，超越阶段。

——在社会主义的根本任务问题上，指出社会主义的本质是解放生产力，发展生产力，消灭剥削，消除两极分化，最终达到共同富裕。强调现阶段我国社会的主要矛盾是人民日益增长的物质文化需要同落后的社会生产力之间的矛盾，必须把发展生产力摆在首要位置，以经济建设为中心，推动社会全面进步。判断各方面工作的是非得失，归根到底，要以是否有利于发展社会主义的生产力，是否有利于增强社会主义国家的综合国力，是否有利于提高人民的生活水平为标准。科学技术是第一生产力，经济建设必须依靠科技进步和劳动者素质的提高。

——在社会主义的发展动力问题上，强调改革也是一场革命，也是解放生产力，是中国现代化的必由之路，僵化和停滞是没有出路的。经济体制改革的目标，是在坚持公有制和按劳分配为主体、其他经济成分和分配方式为补充的基础上，建立和完善社会主义市场经济体制。政治体制改革的目标，是以完善人民代表大会制度、共产党领导的多党合作和政治协商制度为主要内容，发展社会主义民主政治。同经济、政治的改革和发展相适应，以“有理想、有道德、有文化、有纪律”为目标，建设社会主义精神文明。

——在社会主义建设的外部条件问题上，指出和平与发展是当代世界两大主题，必须坚持独立自主的和平外交政策，为我国现代化建设争取有利的国际环境。强调实行对外开放是改革和建设不可缺少的，应当吸收和利用世界各国包括资本主义发达国家所创造的一切先进文明成果来发展社会主义，封闭只能导致落后。

——在社会主义建设的政治保证问题上，强调坚持走社会主义道路、坚持人民民主专政、坚持中国共产党的领导、坚持马克思列宁主义毛泽东思想。这四项基本原则是立国之本，是改革开放和现代化建设健康发展的保证，它从改革开放和现代化建设中获得新的时代内容。

——在社会主义建设的战略步骤问题上，提出基本实现现代化分三步走。在现代化建设的长期过程中要抓住时机，争取出现若干个发展速度比较快、效益又比较好的阶段，每隔几年上一个台阶。贫穷不是社会主义，同步富裕又是不可能的，必须允许和鼓励一部分地区一部人先富起来，以带动越来越多的地区和人们逐步达到共同富裕。

——在社会主义的领导力量和依靠力量问题上，强调作为共产主义先锋队的共产党是社会主义事业的领导核心，党必须适应改革开放和现代化建设的需要，不断改善和加强对各方面工作的领导，改善和加强自身建设。执政党的党风，党同人民群众的联系，是关系党生死存亡的问题。必须依靠广大工人、农民、知识分子，必须加强各民族人民的团结，必须依靠全社会劳动者、拥护社会主义的爱国者和拥护祖国统一的爱国者的最广泛的统一战线。党领导的人民军队是社会主义祖国的保卫者和建设社会主义的重要力量。

——在祖国统一的问题上，提出“一个国家，两种制度”的创造性构想。在一个中国的前提下，国家的主体坚持社会主义制度，香港、澳门、台湾保持原有的资本主义制度长期不变，按照这个原则来推进祖国和平统一大业的完成。①

江泽民报告中关于建设有中国特色社会主义理论的论述，是对十一届三中全会以来我国改革开放和现代化建设所取得的成功经验，以及当中出现的一些失误、偏差所带来的教训的高度理论概括和总结。这一理论是马克思列宁主义基本原理与当代中国实际和时代特征相结合的产物，是对毛泽东思想的继承和发展，是全党全国人民集体智慧的结晶，是中国共产党和中国人民最珍贵的精神财富。在这一理论的形成过程中，邓小平同志做出了历史性的重大贡献。

截至 1992 年，在中国共产党 71 年的历史发展过程中，经历了两次伟大的理论飞跃，经历了“翻身”和“富裕”两次历史性的转折。在这两次历史跨越过程中，毛泽东、邓小平的名字紧紧地与之联系在一起。

从 1921 年中国共产党成立到 1935 年遵义会议召开，中国共产党从无到有，从小到大。经过了国共合作的北伐胜利，又

① 江泽民：《加快改革开放和现代化建设步伐，夺取有中国特色社会主义事业的更大胜利》，《人民日报》1992 年 10 月 21 日。

饱尝了右倾错误招致大革命失败的痛苦；兴起了工农武装割据的星火燎原之势，又遇到了“左倾”盲动、冒险、教条、宗派主义的危害。胜利和挫折使越来越多的人认识到毛泽东革命理论的正确性。遵义会议确立了毛泽东在全党、全军的领导地位后，红军胜利完成了万里长征，建立了革命根据地，打开了新的局面，以崭新的姿态奔赴抗日前线。又经过10年的艰辛探索，把马克思列宁主义普遍真理与中国革命具体实践相结合的毛泽东思想为全党所认同，在党的七大上被确定为党的指导思想。从此，中国革命便以前所未有的速度向前发展，在很短的时间内便建立起了完全独立的中华人民共和国。

在社会主义革命和建设时期，中国共产党又经历了捍卫主权的战争考验，赢得了社会主义改造的成功，建立了比较独立的工业体系，在建设中也取得了不少成就。但是由于许多历史的、现实的原因，在探索建设社会主义事业的道路上，我们遇到了许多波折，甚至严重失误。1978年年底召开的党的十一届三中全会，重新确立了实事求是的思想路线，果断地结束了“阶级斗争为纲”的政治路线，将工作中心转移到了经济建设上来。在那次会议上，邓小平的《解放思想，开动脑筋，实事求是，团结一致向前看》的讲话掀起了新时期思想解放的浪潮，实现了伟大的历史转折，开辟了社会主义事业发展的新道路。

在改革开放至1992年的14年中，邓小平从世界产业新革命的发展趋势和我国现代化建设的客观情况出发，第一次提出了“科学技术是第一生产力”的英明论断。

他从我国经济发展的历史和现状出发，从全球经济发展过程中形成的规律出发，第一次提出了允许一部分地区、一部分企业、一部分工人农民凭辛勤劳动先富起来的主张，并认为这是一个大政策，一个能够影响和带动整个国民经济健康发展的政策。

他第一次提出可以划一块地方出来，叫作特区，把它看成改革开放的试验田。

他第一次提出了“一国两制”的概念，用“一个国家，两种制度”的办法解决历史上遗留下来的领土问题。

他第一次提出了资本主义有计划、社会主义有市场的观点。

……

所有这些都表明了邓小平的求实精神与理论勇气。“如果没有邓小平同志，中国人民就不可能有今天的新生活，中国就不可能有今天改革开放的新局面和社会主义现代化的光明前景。”①

在党的十四大确立邓小平建设有中国特色社会主义理论在全党的指导地位之前，思想理论界在对改革开放和现代化建设理论指导问题的认识上存在这样和那样的看法。

有的同志从马列主义经典文献的有关内容出发，认为新时期搞的改革开放不是社会主义，甚至有的人认为这是在搞“修正主义”，是“资本主义”的“复辟倒退”，对新时期的方针、

① 江泽民：《在邓小平同志追悼大会上中共中央总书记、国家主席、中央军委主席江泽民同志致悼词》，《人民日报》1997年2月25日。

政策持怀疑和否定态度。

有的同志甚至时时用毛泽东晚年的一些错误理论来考察衡量新时期的路线、政策，对之大加挞伐。

有的同志还不无讽刺地认为，所谓的改革开放理论，归根结底就是“摸着石头过河”，或者就是“不管白猫黑猫，只要抓住老鼠就是好猫”，或者就是“猫论”的实用主义加“石头论”的盲动主义的总和。

一方面，由于中国特色的社会主义建设事业是一项前无古人的开创性工作，需要时间来证明，需要经验来总结，这当中有一个从感性认识到理性认识的过程。另一方面，这项伟大的事业本身就是在对传统认识的不断突破、发展的过程中展开的，一般人思维的惯性或滞后性总是难免的。此外，在对中国特色社会主义理论认识过程中，中央也及时总结了经验，进行了理论探索，在党的十四大之前，《邓小平选集》《建设有中国特色社会主义》《邓小平同志重要谈话》的出版即是证明。但是，理论界、舆论界对此研究不够、宣传不够。这也是党的十四大之前，建设有中国特色社会主义理论没有深入人心的原因之一。

实际上，诚如江泽民在党的十四大所作的报告对邓小平建设有中国特色社会主义理论进行总结的那样，这一理论在哲学、政治、经济、社会、外交、文化、战略、策略等各个方面都有完整系统的论述，是一个完整的科学体系。

这一理论不光为党的十四大前 14 年中国的改革开放和现代化建设取得的辉煌成就所证明，而且自从它成为全党的指导思想，逐步深入人心之后，并转化成了无穷的精神动力，使改革开放和现代化建设事业取得了突飞猛进的发展。这种情形犹如中共七大确立毛泽东思想为全党指导思想的前后情况一样。

三、市场经济

◎计划经济的昨天

◎市场理论的历程

◎新经济体制的阐述

新中国成立之后，经过 3 年的国民经济恢复工作，人民政府开始着手社会主义改造运动，建立社会主义公有制经济，选择适应于这种所有制的经济体制。当时选择计划经济体制不是没有道理的：一是马列经典著作中对社会主义经济制度论述的核心内容，便是生产资料公有，有计划按比例地发展和按劳分配原则。二是苏联实行的是高度集中的计划经济模式，苏联又是社会主义国家的榜样，以苏联的经济运行体制为参照，是顺理成章的事情。

中国的计划经济体制在 1958 年就基本建立起来了。当时，它还是发挥了巨大的优越性：集中了当时全国有限的人力、物力资源，建立了独立的、较为完整的工业体系，摆脱了新中国成立前工业体系的对外依赖性和殖民性质；安置了大量的城市劳动力，使他们有了稳定的工作，体会到了做社会主义主人翁的自豪感，也激发了他们大干社会主义，奔向共产主义的热情和积极性。这套体制在初始阶段得到了全社会的认同，以后又进一步强化定型，长期推行而且越来越向“纯化”方向发展，一直延续到20世纪70年代末。

这套体制在产生短期积极效应后，其弊端越来越显示出来。在1958年到1978年的20年时间内，中国经济发展的速度日趋缓慢，原先设想的有计划、按比例发展的优越性蜕变成为不从生产力水平出发，不从经济规律发展出发的效率低下、资源浪费和破坏严重的状况。

与此同时，那些以高度集中的计划经济模式发展经济的其他社会主义国家遇到了同中国类似，甚至更为严重的情况。整个社会主义世界的经济与同一时期资本主义社会的经济发展水平之间差距越来越大。

早在20世纪70年代末，邓小平就注意到了高度集中的计划经济体制对经济发展的严重掣肘作用，对市场经济体制作了一些思考，并不时发表了自己的一些见解，但由于当时人们普遍视计划经济为社会主义经济制度的优越性，视计划经济为社会主义制度的表现，因此，这些见解还无法成为全党的共识。

1982年9月，在中国共产党第十二次全国代表大会上，邓小平在开幕词中提出了“走自己的路”的中国特色社会主义课题，其中实际上就包含了在经济领域探索出有别于苏联式“计划经济模式”的新的经济模式思想，初步有了“计划经济为主，市场调节为辅”的经济体制改革思路。这一原则写进了党的十二大报告，但当时还没有承认商品经济。

1984年10月，中共十二届三中全会通过的《中共中央关于经济体制改革的决定》中说："社会主义计划经济必须自觉依据和运用价值规律，是在公有制基础上的有计划的商品经济。商品经济的充分发展，是社会主义经济发展的不可逾越的阶段，是实现我国经济现代化的必要条件。"计划经济终于和商品经济结合起来。

1987年，中共十三大提出：社会主义有计划商品经济的体制，应该是计划与市场内在统一体制。计划与市场都是覆盖全社会的新的经济运行机制，应当是国家调节市场，市场引导企业。这样，"市场"的地位得到确认。

1992年初，邓小平在视察南方讲话时进一步指出："计划经济不等于社会主义，资本主义也有计划；市场经济不等于资本主义，社会主义也有市场。"[①] 这就使社会主义市场经济的提法呼之欲出。

至1992年，从改革开放14年的经验来看，市场的范围逐步扩大，大多数商品的价格已经放开，计划直接管理的领域显著缩小，市场对经济活动调节的作用大大增强。市场作用发挥比较充分的地方，经济活力就比较强，发展态势也比较好。我国的经济要想在20世纪90年代及其之后有新的发展，就必须优化结构，提高效益，加快发展，参与国际竞争，而这又依赖市场机制作用的继续强化。因此，将建立社会主义市场经济体制作为我国经济体制改革的目标势在必行。

江泽民在党的十四大报告中详细论述了建立社会主义市场

① 《邓小平文选》第三卷，人民出版社1993年版，第373页。

经济的内容和意义。

关于市场在社会主义经济运行中的作用，他指出：我们要建立的社会主义市场经济体制，就是要使市场在社会主义国家宏观调控下对资源配置起基础性作用，使经济活动遵循价值规律的要求，适应供求关系的变化；通过价格杠杆和竞争机制的功能，把资源配置到效益较好的环节中去，并给企业以压力和动力，实现优胜劣汰；运用市场对各种经济信号反应比较灵敏的优点，促进生产和需求的及时协调。同时也要看到市场有其自身的弱点和消极面，必须加强和改善国家经济的宏观调控。[①]

关于社会主义基本制度和市场经济体制的关系，他说：这两者是结合在一起的，在所有制结构上，以公有制包括全民所有制和集体所有制为主体，个体经济、私营经济、外资经济作为补充成分，多种经济成分长期共同发展，不同经济成分还可以自愿实行多种形式的联合经营。国有企业、集体企业和其他企业都进入市场，通过平等竞争发挥国有企业的主导作用。在分配制度上，以按劳分配为主体，其他分配方式为补充，兼顾效率与公平。运用包括市场在内的各种调节手段，既鼓励先进，促进效率，合理拉开收入差距，又防止两极分化，逐步实现共同富裕。在宏观调控上，我们社会主义能够把人民的当前利益与长远利益结合起来，更好地发挥计划和市场两种手段的

① 江泽民：《加快改革开放和现代化建设步伐，夺取有中国特色社会主义事业的更大胜利》，《人民日报》1992年10月12日。

长处。[1]

事实证明：社会主义经济没有市场机制是没有希望的，市场机制万能或一蹴而就也是不可能的。市场经济体制的建立、完善本身就是一场深刻的经济体制改革，是一场革命，其目的在于为社会生产力的发展提供更大的空间。当然，它的意义还不仅仅局限在经济活动、物质生活里。

四、人事大变动

◎“四化”新步骤

◎政治局常委新成员

◎中顾委完成历史使命

10月18日，党的十四大进入最后一项议程，选举新的中央委员会和中央纪律检查委员会，这是举世瞩目的大事。下午3时整，选举活动开始，在江泽民的主持下，大会通过了监票人和总监票人名单。在三种选票分发之后，江泽民详细说明了填写选票的具体要求。

3点35分，人民大会堂投票开始。在监票人先投票之后，江泽民、杨尚昆、李鹏、万里等人和其他代表一起，依次走到票箱前，庄重地投下了自己的选票。

4点零7分，投票结束，江泽民宣布：大会一共发出三种

① 江泽民：《加快改革开放和现代化建设步伐，夺取有中国特色社会主义事业的更大胜利》，《人民日报》1992年10月12日。

各2007张选票，现已全部收回，选举有效。代表们报以热烈的掌声。

半小时后，江泽民请大会工作人员宣布选举结果。本次大会共选举产生中央委员188人、中央候补委员129人。新一届中央委员会宣告正式诞生。至此，中国共产党第十三届中央委员会胜利地完成了最后的交班工作。与会代表再次爆发出经久不息的掌声。

在十四届中央委员会的组成人员中，既有经过长期革命斗争、积累了丰富革命经验的老同志，又有一批年富力强、担负着重要领导职务的中年同志，还有一批在改革开放年代崭露头角、朝气蓬勃的年轻干部。整个中央委员会平均年龄为56.3岁。一大批新人进入中央委员会，新进的占46.7%，具有大专以上学历的占83.7%，中、高级以上技术职称的占44.5%。中央委员会在实现干部的“革命化、年轻化、知识化、专业化”战略部署上向前迈出了一大步。

从这天起，曾为保证党的事业继往开来、后继有人做出重大贡献的中央顾问委员会，不再继续设立，光荣地完成了它的历史使命。这也就意味着，新的中央委员会将担负起比前两届中央委员会更大的政治责任。

10月19日，新产生的中国共产党第十四届中央委员会第一次全体会议在北京举行。全会选举产生了中央政治局委员、候补委员，中央政治局常务委员会委员，中央委员会总书记。根据中央政治局常务委员会的提名，通过了中央书记处成员名单，决定了中央军事委员会组成人员，批准了中央纪律检查委员会第一次全体会议选举产生的书记、副书记和常务委员会委员人选。

江泽民继续当选为中央委员会总书记、中央军事委员会主席、政治局委员、政治局常务委员会委员。这为全党同志和全国各族人民在加快改革开放和现代化建设的努力中提供了最为基本的组织保证和核心领导条件。

在新当选的7名中央政治局常务委员会委员中，除了老红军刘华清外，朱镕基和胡锦涛的名字格外引人注目。

朱镕基，1928年10月生于湖南长沙，家境贫寒，读书勤奋认真。1947～1951年就读于清华大学电机系电机制造专业，在读期间，参加了“新民主主义青年联盟”，1949年10月加入中国共产党。1948年12月参加革命工作。1951～1952年，在东北工业部计划处任生产计划室副主任。1952～1958年，任国家计委燃料局、综合局组长，国家计委主任办公室副处长、国家计委机械局综合处副处长。1958～1969年，任国家计委干部业余学校教员、国民经济综合局工程师。1970～1975年，下放国家计委“五七”干校劳动。1975～1979年，任石油工业部管道局电力通信工程公司办公室副主任、副主任工程师，中国社会科学院工业经济研究所研究室主任。1979～1982年，任国家经委燃料局处长、综合局副局长。1982～1983年，任国家经委技改局局长、国家经委委员。1983～1985年，任国家经委副主任、党组成员。1985～1987年，任国家经委副主任、党组副书记。1987～1991年，任中共上海市委副书记、上海市市长、市委书记。1991年起，任国务院副总理兼国务院生产办公室主任、党组书记，兼国务院经济贸易办公室主任、党组书记。他是十三届中央候补委员。

从朱镕基的个人履历看，他有从事工业生产管理、国民经济管理、地方工作的丰富经验，有扎实、渊博的经济管理知识，工作作风雷厉风行、实事求是。他的当选对进一步推动中国的经济建设向前发展无疑具有重大意义。

在19日上午11时，中央政治局常务委员会见中外记者时，江泽民特意向大家介绍了胡锦涛："这是一个年轻人，胡锦涛同志，今年49岁。"在记者面前，年轻英俊的胡锦涛成了大家注目的焦点。

胡锦涛，1942年12月生于安徽绩溪。1959～1964年，在清华大学水利工程系学习。1964年4月入党。1964～1965年，在清华大学水利工程系继续学习，并任政治辅导员。1965年7月，从该系河川枢纽电站专业毕业后，留校参加科研工作，并兼任政治辅导员（"文革"开始后结束）。1968～1969年，在水利部刘家峡工程局房建队劳动。1969～1974年，任水利部第四工程局八一三分局技术员、秘书、机关党总支副书记。1974～1975年，任甘肃省建委秘书。1975～1980年，任甘肃省建委设计管理处副处长。1980～1982年，任甘肃省建委副主任、共青团甘肃省委书记。1982～1985年，任共青团中央书记处书记、全国青联主席、共青团中央第一书记、六届全国政协常务委员。1985～1988年，任中共贵州省委书记。1988年，任西藏自治区党委书记。

胡锦涛是新中国成立之后党培养起来的知识分子，具有从事青年工作和地方工作的经验，尤其是他曾经工作过的甘肃、贵州、西藏等地均为我国经济、文化比较落后的地方。经过艰苦环境的锻炼，他对中国国情有清醒的认识。从他的年龄看，无疑对党的改革开放政策保持稳定性、连续性起着重要的作用。

在新选出的政治局委员中，随着国家主席杨尚昆、人大常委会委员长万里等老同志的退出，吴邦国、姜春云、谢非等一些地方领导人进入政治局，使政治局委员的构成向年轻化方向进了一步。

外媒在评论党的十四大产生的新的中央委员会、政治局时称：新的中央委员会委员平均年龄比以前年轻，有更多的委员是担任省级党内职务的。该党希望在控制该党长达10多年之久的邓和其他老革命家去世后确保该党的顺利过渡。[①]

在中共十四大上，另一件意义重大而又顺乎自然的人事大变动，便是中央顾问委员会（简称“中顾委”）完成了自己的历史使命。经这次代表大会同意，中央以后将不再设立顾问委员会。

1980年，在完成了党的工作中心转移和拨乱反正两大任务之后，党中央和邓小平就开始认真考虑干部的新老交替问题。自20世纪60年代之后，党在组织问题上因种种原因始终没有很好地解决中青年干部的培养问题。粉碎“四人帮”后，一大批老干部恢复了工作，但他们中的大多数都已年逾古稀，

① 美联社北京10月18日电。

而一些刚刚提拔上来的年轻干部又缺乏驾驭全局的经验，所以整个干部队伍处于青黄不接的状态，干部新老交替的矛盾日益尖锐、突出。

在1980年8月18日的中央政治局扩大会议上，邓小平向与会者透露：中央正在考虑再设立一个顾问委员会（名称还可考虑），连同中央委员会，都由党的全国代表大会选举产生。这样，就可以让大批原来在中央和国务院工作的老同志，充分利用他们的经验，发挥他们的指导、监督和顾问的作用。同时，也便于使中央和国务院的日常工作班子更加精干，逐步实现年轻化。

他的这一设想首先得到了陈云、聂荣臻等老同志的拥护。

将近一年之后，邓小平在各省、市、自治区党委书记座谈会上又提到设立中央顾问委员会的设想。

党的十二大召开前夕，在讨论党章修改草案时，他又强调：鉴于我们党的状况，我们干部老化，但老同志是骨干，处理不能太急，太急了行不通。设顾问委员会，应该说是我们领导干部职务从终身制向退休制的过渡。我们选择了史无前例的这种形式，切合我们党的实际。

1982年9月11日，中央顾问委员会（简称“中顾委”）经过党的第十二次全国代表大会正式选举产生。在13日召开的中顾委第一次全体会议上，172名顾问委员会委员选举邓小平为该委员会主任，薄一波、许世友、谭震林、李维汉为副主任，选举了25名常务委员。邓小平在这次会议上对中顾委的性质、目的、作用做了说明：“中央顾问委员会是个新东西，是根据中国共产党的实际情况建立的，是解决党的中央领导机构新老交替的一种组织形式。目的是使中央委员会年轻化，同时让一些老同志在退出第一线之后继续发挥一定的作用。”① 中央顾问委员会从成立到结束，历经三届党的代表大会，前后共10年时间。在这10年中，中央顾问委员会参与了中央一些重要的文件、决定的讨论，对国家大政方针提出了许多重要的建议和意见；完成了中央交办的一些重大事宜；委员们还深入基层进行力所能及的调查、研究工作，反映情况，提出对策建议；不少人写了回忆录，以此来反映我们党的光辉历程，教育和启发年轻一代；参加诸如走访革命老区、与青年学生谈心等社会活动和社会工作，向广大群众宣传了党的政策和方针，进行了爱国主义、集体主义、社会主义教育，有利于加强党同人民群众之间的关系；组织专题报告会，请工作在第一线的年轻同志介绍形势，介绍改革开放和经济发展的情况；与省、直辖市、自治区的顾委交流做好顾委工作的经验，探讨如何做好顾委工作；坚决支持党中央的维护社会政治稳定所采取的正确决策；认真学习邓小平中国特色社会主义理论；注重中顾委自身的思想建设；协助有关部门做好委员们的服务工作。

到党的十四大，中顾委的许多委员都已年逾八旬，在他们的关心、帮助下，党的第三代领导集体已经成熟。一大批忠诚于马克思主义和社会主义事业，又有专业知识的年轻干部成长起来了。各级领导班子，经过调整充实，老化的情况有了很大

① 《邓小平文选》第三卷，人民出版社1993年版，第5页。

改变，党政领导机构的活力有了明显增强。由于党的干部离退休制度已全面建立并在顺利执行，实现新老干部的合作与交替已取得预期的进展。因此，中顾委宣布自己已经完成了作为一种过渡性组织的任务。

1992年10月9日，中央顾问委员会举行第九次全体会议，薄一波、宋任穷受陈云委托主持会议。会议讨论通过了工作报告，提请党的十四大审议。

报告最后写道："我们这些老同志将一如既往地团结在党中央周围，为加快改革开放和现代化建设，继续做出自己力所能及的贡献。中国的经济建设搞上去了，各项事业全面发展了，中国的社会主义制度巩固了，不仅保证着中华民族赢得光辉的未来，而且也是对世界社会主义事业和人类进步事业的重要贡献。我们对未来充满信心。胜利必将属于中国共产党和中国人民！"

这是曾经跟随毛泽东在中国人民解放事业中建立了不朽功勋，又在改革开放年代再立新功，为人民、为革命奋斗了一辈子的老一辈无产阶级革命家们的庄严承诺和发自内心的真诚希望。

顾问委员会——中国共产党人完成特定背景下新老干部交替的史无前例的独创组织形式以胜利完成历史使命而告结束。

五、十四大会场之外

◎邓小平："希望大家继续努力"

◎人民的意愿

◎外界舆论反应

人们普遍认为，中共十四大是中国当代改革开放历史上的一个新的里程碑，而铸造并亲手树立这块里程碑的"总设计师"邓小平的名字始终与十四大紧紧地联系在一起。中共十四大期间，"邓小平"是人们使用频率最高的人名词语。

10月11日下午，中共十四大召开的前一天，大会发言人刘德忠在记者招待会上说，党的十四大是一个很重要的会议。大会将以邓小平同志建设有中国特色社会主义理论为指导，认真总结党的十一届三中全会以来14年的基本实践和基本经验，确定今后一个时期的战略部署。这表明邓小平与中共十四大的主题从一开始就紧紧地联系在一起。

在回答记者们关于邓小平是否参加党的十四大，对这次大会有什么影响，是否接受了大会特邀代表的邀请等诸问题时，刘德忠说，邓小平同志德高望重，他是这次大会的特邀代表。他今年年初发表的南方重要讲话，为这次大会的召开作了重要的思想准备和理论准备，邓小平同志对开好这次大会起着重要的作用，且邓小平同志已经接受了邀请。

12日上午，江泽民在向大会所作的报告中指出："邓小平同志是我国社会主义改革开放和现代化建设的总设计师。他尊重实践，尊重群众，时刻关注最广大人民的利益和愿望，善于概括群众的经验和创造，敏锐地把握时代发展的脉搏和契机，既继承前人又突破陈规，表现出了开辟社会主义建设新道路的巨大政治勇气和开拓马克思主义新境界的巨大理论勇气，对建设有中国特色社会主义理论的创立做出了历史性的重大贡献。”

这是江泽民代表全党、全国人民对邓小平在开创社会主义建设事业新道路中所做出的贡献的高度评价。当江泽民讲完这段话时，全场响起了经久不息的掌声。这表明党感谢邓小平，人民将永远不会忘记邓小平！

作为中共十四大的46名特邀代表之一，尽管邓小平没有出席大会的开幕、闭幕式，但他始终关注这一必将影响深远的盛会。十四大报告第四稿出来时，邓小平用了两天半时间来仔细审阅，又用了两天半时间对报告提出了修改意见，从总体上对报告稿给予了很高评价，认为这个报告“有分量，是一大革命”。对报告中有关他的历史功绩的文字，他提出修改意见，表示讲他的功绩，一定要放在集体领导范围内，绝不是一个人的脑筋就可以钻出什么新东西，是群众的智慧、集体的智慧。他的功劳是把这些新事物概括起来，加以提倡，要写得合乎实际。

中共十四大开幕那天，邓小平坐在家里的电视机前，认真听了江泽民的报告。当报告结束时，邓小平满意地说：“讲得不错，我要为这个报告鼓掌。”说完后他真的鼓起掌来。

在党的十四大召天的7天时间里，邓小平每天翻阅十几份国内外报纸，了解大会的进程，看看代表们的发言内容，分析海外舆论的反应。

10月19日上午，邓小平从报纸上看到了有关党的十四大闭幕的报道后，欣慰地说："真是群情振奋!"

下午3时，出席十四大的代表迎来了他们一生最为幸福的时刻。当邓小平和江泽民、杨尚昆、李鹏、万里、乔石、姚依林、宋平、李瑞环、朱镕基、刘华清、胡锦涛、薄一波、宋任穷等同志一起出现在人民大会堂宴会厅时，全场响起了长时间的热烈掌声。"小平同志，您好!""祝小平同志健康长寿!"声声发自内心的祝愿表达了代表们和全国人民对邓小平由衷的敬意。

身着银灰色中山装的邓小平精神矍铄，迈着稳健的步伐，沿着红色地毯走到代表们面前，向他们频频招手致意，并不时与站立前排的代表亲切握手，与大家合影留念。

在江泽民等人的陪同下，邓小平沿着宽敞的宴会厅绕场一周，前后时间达20分钟。

邓小平在准备离开时对江泽民说："这次大会开得很好，希望大家继续努力。"

江泽民紧紧握着邓小平的手，对他说："您今天同大家见面，使代表们深受鼓舞，大家的情绪达到了高潮。"他代表新当选的中央领导集体表示：现在大政方针已经确定，我们要真抓实干，把大会的精神落到实处。

邓小平满意地点头，挥手向代表们道别。

这也是邓小平在重大政治场合中的最后一次公开露面。

党的十四大召开之前，全国各界群众在邓小平视察南方谈话的精神指导下，在奥运健儿爱国拼搏精神的激励下，以饱满的激情、积极的姿态和工作成绩迎接和企盼着十四大的召开。

10月12日上午，中共十四大开幕的时候，全国各地的群众有组织地或自发地收看、收听了十四大开幕盛况，不少商店打开了所有柜架上的电视机让顾客收看实况，有些城市还在街头安装了音响向行人转播江泽民的政治报告。

农村

连续5年被上级命名为“双文明村”的河南省汤阴县部落村，村民们集中收看了十四大电视实况转播。结束后，他们三五成群地议论着江泽民的报告。71岁的老汉邢春成激动地说：“你看江泽民总书记作完报告，胳膊用力一挥，多气派，多带劲!”村办建材厂厂长陈世德说：“刚才江泽民总书记说加快改革开放，发展经济既要有速度，还要有质量和效益，这对俺们村办企业有很大的指导作用。咱要办一个厂成一个厂，既搞得快，又收得多。”

距离拉萨70多公里的堆龙德庆县德庆乡，藏胞们大清早就冒雨来到刚落成的乡电视地面接收站，观看十四大开幕的实况转播。乡党委书记白玛卓嘎一边看，一边向不懂汉语的乡亲翻译江泽民报告的主要精神。乡亲们听得乐呵呵的。一位村党支部书记说：“我们村16名党员、600多名群众盼望十四大即将确定的方针、政策，能使我们广大群众尽快富裕起来。”

厂矿企业

山西太原矿务局杜儿坪煤矿安装三队的工人从上午8点开

始就聚集在坑口前，热烈议论即将开幕的十四大。青年工人高珍说："我们工人心里清楚，没有改革开放就不可能有今天的巨变。我们期盼着十四大能进一步推进改革开放。"综采二队的夜班工人来不及换洗衣服就到会议室收看十四大开幕式的实况转播。当江泽民说到要抓住有利时机加快经济发展时，青年工人程良奎一拍大腿说："这话直说到我们心坎里去了。"

海南省海口市六合大厦，这幢由50多家企业承租的办公大楼里，许多公司一改办公惯例在办公室里打开电视机让员工们收看十四大实况。海南大置实业公司总经理吴国平说："企业最关心的是十四大能否真正体现邓小平同志视察南方讲话的精神，今天江泽民同志的报告，给了我们一个满意的回答。照着十四大的精神走下去，中国是大有希望的。"

知识文化界

大多数高校都组织了没有课程安排的师生集体收看十四大开幕式。中国人民大学团委12日晚组织座谈会，同学们盛赞在我国加快改革开放和现代化建设新形势下召开的这次党的全国代表大会，是有中国特色社会主义事业前进的里程碑。北京医科大学研究生在看完电视转播后，研究生会立即就会议精神进行座谈。800多名研究生纷纷表示，听完报告后，对国家的前途充满了希望。北京师范大学马列所党总支书记王章维看完电视后说："党和国家非常重视教育，全校师生深受鼓舞。十四大之后，有中国特色社会主义的理论必将更加丰富和完善，教育事业也定会有新的发展。"

党的十四大召开前夕，《中国作家》第6期开设了"文坛喜迎十四大”专栏，9位著名作家、评论家发表文章，抒发对党、对祖国、对人民的深情。巴金在《新的希望》一文中写道：“我相信我们的文字创作一定能突破‘左’的禁锢，进一步活跃起来，繁荣起来。”冰心的文章《和我们祖国同步》说，改革开放以来的文艺创作，更为百花齐放！祝愿我们的文艺创作和我们祖国同步，向着繁荣富强的前途迈进。夏衍在《解放思想，繁荣文艺》一文中希望文艺界冲破一些思想束缚，充分调动自己的积极性和创造精神，写出丰富多彩的作品。

部队营房

党的十四大召开时，全军官兵，凡有条件的地方都组织指战员集体收看了十四大开幕式，大多数连队还组织干部战士讨论江泽民的报告。“喀喇昆仑山钢铁哨卡”大雪封山一个多月，气温已降到零下12℃，但全连官兵都通过电视收看了十四大开幕式。大家兴奋不已，边防战士祝愿十四大取得圆满成功。

“三资”企业主、个体户

党的十四大也引起了“三资”企业主和个体户们的关注。大连开发区银帆宾馆总经理谭铭桥说：“中国的唯一出路是改革开放，只有改革开放我们的国家才能兴旺。十四大报告反映了合资企业的强烈愿望，使我们这些经理们吃了定心丸，从今以后，我们可以大干了！”兰州的一名个体户青年说：“别看我们是生意人，现在不关心政治、不关心政策，生意也就做不好。”有人问他对江泽民报告有何感觉，他爽快地说：“一句话，有本事就放心把生意做大。”

都市市民

党的十四大召开的这一天，上海万国证券公司人头攒动。股民们盯着电脑上显示的各种股票行情，一位宋姓股民说："从广播中听到邓小平是十四大特邀代表，又是主席团成员，我心里特别高兴。股市与政治形势是搭界的，一定会乘十四大的东风上扬。"首都北京在十四大召开期间到处张灯结彩，充满了喜庆气氛。20 个邮电支局每天增加供应 2000 份《人民日报》仍供不应求，后又增加 1300 份，仍难满足供应。

中共十四大从召开前夕起，就是港、澳、台地区和国外新闻媒体关注的焦点。截至 10 月 10 日，报名采访大会的港、澳、台记者达 107 名，国外记者达 280 人。为了给采访记者提供方便，大会组委会特地在梅地亚宾馆设立了新闻中心，对记者采访给予协助。

10 月 12 日，党的十四大召开的这一天，香港各大报纸纷纷发表社论，表示热烈祝贺。

《文汇报》发表了题为《祝贺中共十四大开幕》的社论。社论认为，这次大会将以邓小平理论为指导，全面而深入地总结改革开放以来的巨大成就，总结思想解放的历程以及社会主义事业正反两方面的经验。中国特色社会主义道路的进一步发展和成功，不仅对中华民族，而且对整个人类都具有广泛而深刻的意义。

《大公报》发表的署名文章说，十四大发挥的影响将不只限于 960 万平方公里的神州大地，对于东亚地区的发展以至世界新格局的形成都有重大意义。十四大将把邓小平理论在党章以及组织路线上确定下来，保证中国能依着这条受到全国上下和海内外拥护的路线走向21世纪。

《商报》的社论认为，中共正在走着一条前无古人的道路，中国也处于历史上没有过的新的时期。我们相信，只要选定一条全体国民拥护的路线，中国共产党的前途是可观的，中国的未来也是可观的。

台湾《工商时报》的社论指出，中共十四大将是决定中国大陆前途的一次重要会议。台湾与大陆一海相隔，两岸同胞命运息息相关，对这次大会的发展我们不能不寄予高度的关切。中共十四大揭示建立市场经济体制的手段非常明确，涵盖层面广泛，内涵非常具体充实，充分展现了迈向现代化经济的雄心壮志，尤其是在对外开放、引进国外及台港资金和技术方面的决心坚定，步伐甚大，对突破经济瓶颈将有相当帮助。大陆的加速改革有助于两岸经济社会的进一步交流，缩短彼此间的距离。

在中共十四大举行的几次中外记者招待会上，港、澳、台记者十分活跃。他们对内地如何处理东部发达地区与中西部落后地区之间的差距，沿海地区如何保护前来投资的台商利益，如何看待台商希望两岸签署投资保护协议，大陆如何进一步推动党政分开、政企分开的改革等问题向出席招待会的十四大代表、地方和部门负责人饶有兴趣地提问，并得到了满意的回答。这些信息又由他们通过媒体在港、澳、台同胞中间传播，引起了强烈反响。

党的十四大胜利闭幕之后，港、澳、台地区反应热烈。10

月 19 日，香港两家电视台对江泽民等 7 位中央政治局常委接见中外记者，以及当天下午邓小平与十四大代表见面等情况作了实况转播。《大公报》《文汇报》《星岛日报》《华侨日报》《新报》《快报》等报纸，除在显著位置刊登邓小平接见十四大代表，新当选的中央领导人照片、简历外，还纷纷发表社论和文章对十四大给予了高度评价。

《大公报》的社论认为，十四大新产生的领导层具有新面孔多、年轻人多、知识层次高的三大特点。这是一个富有朝气、充满活力的强大的领导阵容。这表明中国后继有人，中国坚持改革开放一百年不变有保证，中国的现代化建设大有希望。

《文汇报》的社论则认为，新的领导班子，保持了人事的连贯性，又加入了新鲜血液。这个领导班子将领导中国人民走向 21 世纪。

澳门《大公报》发表的新闻评述说，本届选出的新中央委员会，充分体现年轻化及知识化，显示了中共领导层生机勃勃，后继有人，是一个可喜的现象。

《华侨报》在题为《前进路上的指示塔和里程碑》的新闻述评中指出，将邓小平建设有中国特色社会主义理论确立为当代中国改革开放和现代化建设的指导思想和理论基础，由此结束了改革开放以来姓“社”、姓“资”的争端，搬开了前进路上的绊脚石和航程中的暗礁。

自党的十四大召开到闭幕，香港股市持续上扬，恒生指数一度急涨。

党的十四大闭幕的消息传到台湾，台湾工商界对这次大会的反应是“有如吃了定心丸”，普遍认为大陆的“改革开放态势更明朗，亟思抢攻大陆市场”。经济学家费景汉说，中共经济改革速度愈快，两岸关系可望愈密切，两岸间接贸易可望持续增加，中共十四大后大陆出现的新局面，将使外资大量涌入大陆，台商也必将掀起对大陆投资新的热潮。

中共十四大同样也是国际社会关心的大事。

西方新闻媒体纷纷发表文章，分析评论党的十四大的召开及其意义。

美国的《华盛顿邮报》《纽约时报》《华尔街日报》都发表了有关十四大的新闻述评，普遍认为十四大将肯定邓小平加快经济发展步伐的方针。《新闻日报》的一篇评论文章说，这是一次非常重要的会议，因为它将把一代年轻的改革家选入最高领导层，并确定下一个世纪利用市场经济作为向导的发展道路。

法国的《世界报》《解放报》《回声报》《发展论坛报》等各大报纸发表了有关中共十四大召开和中国经济改革的长篇报道。《解放报》的报道认为，十四大将确认邓小平年初成功推动的“社会主义市场经济”，该报还刊登了邓小平的大幅照片。

党的十四大召开的当天，德国各大电视台的晚间新闻节目，以及各大报纸均以醒目标题、显要版面报道了十四大召开的消息。《法兰克福汇报》《世界报》《总汇报》等报纸详细介绍了江泽民的政治报告内容，认为这次大会将使中国告别传统的计划经济模式，一批中青年干部将走上领导层。如果中国成功地完成了这些重大举措，它将成为下个世纪西方的挑战对手。

英国《金融时报》《卫报》等各大报纸在十四大召开之际，纷纷发表文章和评论，关注这次大会的召开。有的文章认为，十四大提出建设社会主义市场经济将为改革提供理论依据。中国共产党在准备接受西方经济方法的同时，也准备对付西方思想的入侵。江泽民在政治报告中提醒代表们要消除腐败、官僚主义和办事缺乏效率等。

意大利的电视和报纸对十四大召开作了连续报道。它们认为十四大是中国改革道路上重要的、具有“历史转折意义”的会议，中国将要实行的是“社会主义市场经济”。有的报纸还用整版的篇幅并配以图片，详细介绍了中国改革开放 14 年来所取得的重大成就，并预计在中国共产党领导之下，中国到 2000 年，国内生产总值将比 1980 年增加 4 倍到 5 倍。还有不少报纸详细地摘发了江泽民政治报告中关于实行社会主义市场经济等主要内容。

中共十四大也是中国在亚太地区的近邻关注的大事。

10 月 12 日，从中午开始，日本广播协会的新闻广播和电视新闻的头条都是中共十四大召开的消息。从电视画面上，观众可以看到大会会场和主席台上的前景，电视新闻长时间地播放了江泽民作政治报告的镜头。当天，各晚报都从一版头条开始，大篇幅刊登了中共十四大召开的消息，详细介绍了江泽民报告的内容。邓小平建设有中国特色社会主义理论成为党的指导思想；坚持党的基本路线一百年不动摇；经济发展速度保持

8%～9%，本世纪末综合国力上一个新台阶；发展社会主义市场经济，等等：这些都是日本舆论关注的主要话题。

10月12日，泰国的《中华日报》《星暹日报》《新中原报》《京华中原联合日报》等都在一版头条位置显著报道十四大开幕的消息，有些报纸还在一版刊登了十四大预备会议和主席团会议的消息。《中华日报》发表的社论认为，中共十四大之所以受人瞩目，是因为大会将以邓小平理论决策中国的未来，市场经济将加快中国改革开放和现代化建设的步伐。

马来西亚的《南洋商报》12日发表社论指出，中共十四大的召开标志着中国改革进入新纪元，社会主义市场经济体制意义深远。十四大通过党的政策路线和人事安排，对未来5年乃至下世纪初的中国政局发展，可以起到举足轻重的作用。

10月13日，印度全国性报纸都以较大篇幅介绍了十四大召开的情况，特别是对江泽民的报告作了详细评述。《印度时报》强调指出："中国走上了经济改革的快车道。"《国民先驱报》认为，江泽民报告为中国列出了十项任务，目的是使中国参与到世界经济中去。如果中国实施了所要采取的措施，中国在下个世纪肯定会成为一个世界强国。

此外，一些前东欧社会主义国家，如保加利亚、南斯拉夫、波兰等国的政要、学者和社会舆论在中共十四大期间，盛赞中国改革开放和现代化建设的成就，并相信在社会主义市场经济体制下，中国的发展前程似锦。

第七章

时代精神追踪

迎风破浪——1992 年的中国

一、为了99.99999999%的可靠性

◎是发射中止，不是发射失败

◎辉煌的跨越

◎“一箭多星”成功

◎不能有百万分之一的差错

1992年是中国科技界成就辉煌的一年，最令人注目的是澳星发射事件；它既是对中国航天人的严峻考验，又标志着中国航天事业在走向国际市场的路途中迈出了新的一步。

新中国的航天技术起步于20世纪50年代中期，比起那些起步较早的国家落后了近20个年头。这之后的20年，航天技术在曲折中依然保持着发展势头。党的十一届三中全会之后，航天事业得到了前所未有的发展。1980年5月，中国成功地向南太平洋发射了远程运载火箭；1982年10月，成功地进行了潜艇水下发射运载火箭试验；1984年4月，中国第一颗地球同步轨道通信卫星顺利进入预定位置。短短几年，中国成了国际航空领域的强国。

1985年10月，中国宣布将“长征”系列运载火箭投放国际市场，承揽对外发射业务。几经曲折之后，1990年4月，中国才接到第一笔业务：用“长征三号”火箭为亚洲卫星公司发射一颗由美国休斯公司制造的通信卫星。一炮打响后，航天事

业开始走进国际市场。

1992年3月22日，正值“两会”开幕不久。早晨，中央人民广播电台和中央电视台及各大报纸同时发布消息：中国为澳大利亚发射通信卫星，时间为当天18时40分。届时，中央人民广播电台和中央电视台将向全国听众、观众作现场直播。

晚6点30分，直播开始，亿万双眼睛盯着荧屏，亿万双耳朵聆听着广播，人们都以一种自豪、喜悦的心情等待着那激动人心的一刻，播音员那悦耳的解说更增添了发射的庄严感。

晚6点39分50秒，随着“10……5，4，3，2，1，点火！”的倒计时数与命令的发出，一团巨火在发射平台燃起。然而，7秒钟之后，人们看到的只是一堆棕黄色的烟雾笼罩在现场。不过，卫星倒是没有倒下。

发射中止了！播音员用平静的声音宣布：发射过程出现了故障。发射停止，直播结束。

西昌卫星发射中心，发射指挥长胡世祥果断下达命令：“断掉箭上电源，保护发射现场。”此刻，火箭发动机喷射出近2000℃高温的烈焰，数百吨重的4个卫星支撑点有3个脱离，火箭随时可能倾倒。

经过工作人员近4个小时的全力抢救，火箭紧固了，各种电源切断了，火工品排除了。泄漏严重的发动机燃料由塑料套排入了导流槽，箭内的氧化剂全部卸出，燃料也被全部清离了出来，第二天上午10时，澳星安全顺利下塔。

3月22日澳星发射受挫的消息传出后，一些国家和地区的媒体登出消息，认为中国火箭的性能值得怀疑。这无疑是对中国航天人的一次挑战。

航天领域发生的失误、灾难并不稀奇。1986 年 1 月 28 日，美国“挑战者”号航天飞机升空不久就机炸人亡。这年 4 月 18 日，美国发射侦察卫星又告失败，美国航天活动几乎陷入瘫痪。在此后的一个多月，已经赢得世界半数以上卫星发射合同的欧洲航天局阿丽亚娜火箭，又因第三级未及时点火而失败。这一年，被人们称之为世界“空间灾难年”。而中国的航天运载火箭技术就是在这一年刚刚面向国际市场的。

澳星发射受挫刚过几天，曾与中国航天部门合作取得成功的亚洲卫星广播有限公司董事局高级顾问庄迈信写信给中国的一位人士说：这次未能目睹“长征二号”捆绑式火箭升空，感到遗憾，但对中国卫星发射系统及时处理故障，致使卫星安然无损感到很欣慰。亚洲卫星广播有限公司对中国的航天科技充满信心，将一如既往同中国航天界继续进行合作。

该公司的发言人在此期间在香港发表谈话表示，亚洲卫星广播有限公司仍会慎重研究利用中国火箭发射卫星，不会因发射“澳星”出现故障而将其排除于考虑范围之外。

3 月 29 日，澳星发射合同中方主承包商——中国长城工业公司新闻发言人称，在西昌的工程技术人员经过几天的紧张工作，已初步查明火箭故障原因，不是发动机系统本身所致，而是控制点火线路造成的。目前中方技术人员正在继续查找故障的具体部位。火箭于 23 日上午 11 时安全运回技术厂房，24 日火箭推进剂全部泄出，贮箱作了 3 次吹除，25 日初步查明事故原因。

发言人还透露，休斯公司对卸下的卫星进行测试后认定，卫星处于良好状态，整流罩内环境符合技术要求。

4月8日，经过火箭工程技术人员17天的紧张工作，澳星发射故障真相大白：箭上程序配电器第四、五触点之间，发现有一铝质多余物。当第四触点闭合时，活动的铝质多余物正好在该触点处，造成接触电阻增大，产生高温场，发生爆燃现象，银触点熔化、电离。银离子在电场的作用下，由第四接点向第五接点上簧片迁移，形成定向银离子流，构成第四接点与第五接点簧片间短路，造成电爆管起爆，导致第Ⅰ、第Ⅱ助推器发动机副系统关机。“祸首”便是铝质多余物。

原来，在单机生产时，程序配电机器要用铝质盖密封，盖上有个气密性的通气孔，孔上的堵塞是钢质的，因两者硬度不同，在拧堵过程中由于摩擦出现铝屑，掉在了配电器线路板上。这纯属概率极小的偶发事件，因为铝质多余物必须正好碰在配电器中18个触点中电流最大的第四触点，而且多余物必须在触点簧片动态下接触接点。但它的确导致了发射受挫。

美国和澳大利亚的朋友看了故障分析录像后，对此表示理解。更让国外火箭发射专家感到奇怪的是：火箭点燃后发生了那么大的故障，居然没有发生通常情况下发生的星毁人亡的灾难。原来，就在已经点火、火箭发动机喷出棕黄色四氧化二氮后，火箭实施了紧急自动关机，停止了发射。这种“紧急刹掣”技术引起了外国专家的浓厚兴趣，使他们感受到了中国航天工业在国际空间市场上的竞争实力。

在事故真相查明后，美国休斯公司、澳大利亚卫星通信公司和为发射投保的保险公司均认为，这次发射不是失败，而是紧急关机，发射中止。因为火箭没有离开发射平台，澳星没有受到损害。休斯航天通讯集团主席史蒂夫·多尔夫曼和澳普图斯通讯公司总裁鲍勃·曼斯菲尔德表示，委托中国发射卫星的计划不因此而改变。

自3月22日澳星发射中止，4月8日故障原因查出，长城公司又在着手第二次发射。

卫星发射中心的科技人员拿出“鸡蛋里面挑骨头”的认真劲，找出了过去曾被忽视的20个常理上不成问题的“问题”，及时作了处理。他们对各种仪器、仪表进行了全面的检测，仅控制系统，就修改完善了26万字的操作规程。“问题不能出在我手上”，这是他们提出的共同口号，566名第一岗人员，全部参加了考核。为防火箭体上的“结露”现象，在夏季，他们在发射勤务塔上安装了通风空调设备和去湿装置。为了保证卫星度过100多天的西昌阴雨天气，技术阵地的干部战士制定了严格的实施方案，采用空调机鼓风、锅炉供气、制冷机去湿三管齐下的方法，保障了存放的安全可靠。发射中心的职工为了准确地将卫星、火箭吊放到指定位置，还掀起了技术练兵热。为保持平稳，有的卡车司机练到车开起来后，车厢里摞着的易拉罐空盒纹丝不动。

地处中亚热带高原季风气候区的西昌，进入8月份，正是雷雨、高温、高湿的季节。根据近20年的气象资料显示：这个月，雷暴日为10.3天，降雨日为18.5天，阴雨天20天以上。国外火箭发射的情况表明，好几次失误均因气候不正常所致。而由“长征二号 E”捆绑式运载火箭发射的“澳赛特 B1”通信卫星恰恰又定在这个月发射。

在中央电视台、中央人民广播电台宣布 8 月 14 日 7 时直播澳星发射实况的 12 日深夜，西昌的天气由晴转雨，13 日凌晨更是雷声大作，下起瓢泼大雨。上午能否给火箭加注燃料？发射时间是否要推迟？发射中心副总工程师吴传竹肯定地说：“有关专家已经会商，卫星能按时发射！14 日凌晨 4 点以后，绝对不会再下雨。”这一回答包含了发射中心气象部门工作者背后苦干的心血。

经过自 3 月 22 日之后 145 个日夜的奋战，澳星发射进入倒计时。14 日凌晨，西昌卫星发射中心指挥控制大厅里，人们紧张地盯着巨大的电视屏幕，屏声静气地等待着那一刻的到来。

7 时整，随着指挥长发出的“牵动!”“开拍!”“点火!”“起飞!”指令声，一阵山崩地裂的巨响，“长征二号”火箭在火龙的簇拥下，迎着初升的太阳，冲向苍穹。

大厅里，人们引颈注目着前面的屏幕，跟踪上面的亮点。“发现目标”，“跟踪正常”。127 秒，助推火箭与芯级分离，落在四川古蔺县境内；159 秒，一、二级分离，一级残骸落在贵州天柱县内；200 秒，火箭飞出大气层，整流罩自动脱落，掉在湖南洞口县；675 秒，太平洋上的“远望号”测出火箭与澳星分离。中、美、澳三国的科技人员和专程前来参观的国外专家、朋友热烈鼓掌、拥抱。

10 分钟后，西安卫星测控中心传来精确的卫星入轨数据：

卫星连同上面美国生产的火箭已进入近地点200公里、远地点1050公里、轨道倾角为28度、近地点幅角为128.1度的椭圆近地轨道，其准确率远远超过了“澳星”发射合同的要求，发射圆满成功。卫星发射测控系统部和长城公司的代表将记录数据的传真电报交给了美国休斯公司的代表，发射合同胜利完成。

当天，江泽民、李鹏等领导人在观看了发射实况之后，打电话给发射中心和国防科工委负责人，对发射成功表示祝贺。

第二天，《人民日报》发表评论员文章《辉煌的跨越——热烈祝贺“澳星”发射成功》，文章高度赞扬了我国航天科技人员的勇气、信心、毅力，并号召全国人民向他们学习。同日，中国运载火箭技术研究院党委书记肖东太宣布：“这次成功标志着中国航天走向国际市场，我们要再接再厉完成发射第二颗‘澳星’的任务。”中国长城工业公司副总裁陈寿椿称，这次发射对于提高我国的商业发射服务能力具有重大意义。

8月17日，澳大利亚《澳人报》发表署名文章，认为中国发射“澳星”的成功，有力地推动了中国商业空间计划，是中国宏伟空间计划发展中的一个“里程碑”，为中国在国际商业卫星发射市场中赢得更多客户增加了新的机遇。

10月，金秋时节，正当全国人民热切期盼着中共十四大召开的时候，中国航天工业又传来令人兴奋的消息：我国一枚火箭成功地将两颗卫星送上了太空。

6日下午，酒泉卫星发射场等待着北京指挥中心的发射命令。发射场上全长34米、最大直径为3.35米的“长征二号丙”改进型火箭，头顶着中国第十四颗返回式科学探测与技术试验卫星和瑞典国家空间公司设计制造的“弗利亚”科学试验卫星，高耸在50多米高的钢铁发射塔怀抱中，蓄势待发。地下发射控制室里，专家们全神贯注地凝视着多种电视屏幕和各种指示灯闪亮的发射控制台。

2时05分，发射场接到发射命令。

2时15分，发射场上空，两颗白色的信号弹拖着长长的尾巴在空中划着弧线。

“点火！”刹那间，4部发动机轰然起动喷火，带着雷鸣般的响声，火箭直指蓝天，慢慢地消失在东南方向，天空中悬浮着一条白色的练带。

火箭起飞约8分钟后，中国科学探测与技术试验卫星被率先送入近地点218公里、远地点322公里的预定轨道。不久，二级火箭与瑞典“弗利亚”试验卫星分离，进入预定轨道。至此，我国顺利完成了与瑞典签订的卫星发射合同。

来自瑞典、美国、德国、法国、加拿大等国的政府官员和有关人士观看了卫星发射过程，他们接到发射成功的消息后，向在场的中方人员击掌、握手祝贺。瑞典科学教育大臣恩克尔说，这次发射非常漂亮，下次他们发射卫星，还要把中国作为重点合作伙伴。

酒泉发射中心自1958年筹建以来，34年间已经建成为各项设施完善的航天城，开创了中国航天史上“八个第一”：成功地发射了第一枚导弹、第一枚火箭、第一枚导弹核武器、第一颗人造地球卫星、第一颗返回式卫星，实现了第一次太平洋发射、第一次“一箭多星”、第一次为国外提供搭载服务。在我国所发射的34颗卫星中，有24颗是从这里发射出去的。其中，所发射的返回式卫星的回收率达百分之百，堪称世界航天奇迹。

很长一段时间里，酒泉卫星发射场是严格保密的，甚至在地图上都无任何标志。在今天开放的世界里，几乎已无任何秘密可保守，它需要的是人类不断探索出物质世界的奥秘。

“澳星”发射一结束，发射中心主任李元正宣布：酒泉航天城将进一步对外开放，欢迎更多的国内外客人来航天城进行技术交流与合作，甚至来观光旅游；它将把内部使用的铁路改线，直通酒泉城、嘉峪关，还要配置其他通信、交通、服务等设施。国内外游客不光能到这个大漠之中的航天城游览，还可以观看卫星发射。

中国航天人是自信的、勇敢的、精明的，他们的心胸又是十分宽阔的!

第一颗“澳星”发射成功后，中、美、澳三国又积极地筹划第二颗“澳星”——“澳普图斯B2”卫星的发射工作。12月1日，卫星被转往发射场。美方提出要更换卫星元组件，中方答应了这个要求，将卫星又运回技术厂房。经过几天的紧张工作，完成了更换内容和中、美、澳联合测试。三方认为符合技术要求后，12月13日，卫星重新进入发射场，等待发射。

12月21日19时20分，全长51米，共有8个发动机，起飞重量为460吨，起飞推力为600吨的“长征二号E”捆绑式运载火箭再一次在西昌卫星发射中心升空，将第二颗“澳星”送入太空。19时31分，卫星进入预定轨道。19时50分，西昌卫星测控中心传来卫星轨道根数。中美双方代表在传真件上签字，指挥控制大厅里举行了庄重的交接仪式。在北京的中国卫星发射测控系统指挥中心，中共中央政治局委员、书记处书记尉健行观看了发射实况。

当晚，党和国家领导人江泽民、杨尚昆、李鹏、刘华清、张震分别打电话给国防科工委，祝贺我国发射的第二颗“澳星”获得圆满成功。

第二颗“澳星”发射的成功意味着，1988 年 1 月 1 日中国承揽的由美国制造的澳大利亚的两颗通信卫星发射合同胜利完成。当晚，当通信卫星被送入预定轨道后，澳普图斯公司运营部负责人博特曼立即发表谈话，称这次发射“十分漂亮”，是完全按照计划进行的，“我们非常满意”，“中国的航天技术给人留下了深刻的印象”，澳中之间将会进一步扩大空间领域的技术合作。

第二颗“澳星”发射完毕后，中国卫星发射测控系统部负责人重申中国在对外承揽卫星发射任务的过程中将严格遵守中美两国政府签署的关于发射商业通信卫星的“国际责任、技术安全和商务”等三个协议的备忘录。

第二颗“澳星”成功发射后不久，外界传来了一些失真报道。原因是澳方没有收到卫星的信号，有人怀疑中国的火箭又出了“问题”。为此，中国长城工业公司副总裁陈寿椿代表公司发表郑重声明：根据我们掌握的数据，充分证明，运载火箭全过程飞行正常，所有参数均符合要求。至于为什么没有收到卫星信号，我们相信美国休斯公司会尽快查明原因，公布于众。

尽管出现了这种不和谐的"杂音"，但不管怎么说，火箭顺利地把卫星送上了预定轨道，这是中、美、澳三方及其他国家和地区100多位专家、官员亲眼看见的事实，中方完成了自己的合同任务。

这次发射成功标志着我国对外承揽卫星发射任务胜利地迈出第一步，表明我国的航天发射进入了一个新的发展阶段。

一枚火箭由90万个元件组合而成。如果每个元件的可靠性为99.9999%，也就是错差率仅为百万分之一的话，那么整个火箭的可靠性也就只有37%，倘若使整个火箭的可靠性达到99.9999%的话，每个元件可靠性就必须达到99.99999999%，也就是说100亿个元件，不可靠的都不能达到1个。正因为火箭技术有如此高标准、高难度的要求，所以一位国外老火箭专家说：搞火箭的人，不是得精神分裂症，就是早逝。但这一切都没有难倒中国航天人！

1992年是中国航天工业辉煌的一年，是中国航天人骄傲的一年，但这只是一个起步。

二、16块金牌的含金量

◎中国人与奥运会

◎奥运金牌榜

◎奥运精神的中国读本

1896年，一份从希腊雅典寄来的信函送到了清王朝，邀请中国参加在那里举行的第一届奥林匹克运动会。慈禧太后、光绪皇帝及朝中文武官员均弄不清楚这“田径”是什么“玩意儿”，怕又上洋人的当，决定不予理睬。但是，每四年一届的奥运会并不因为中国的缺席而停办，相反，参加的国家和运动员人数及项目的数量逐届增多，规模和影响也越来越大。

到了北洋军阀统治时期，战火绵延，所谓“奥运”自是无人问津。1922 年，中国人算是第一次迈入“奥运”的门槛，驻美大使王正廷被国际奥委会委任为中国委员。但是，10 年之后，中国才第一次派运动员参加了 1932 年的奥运会。刘长春成了参加这届奥运会的第一个中国人，他没有拿到名次，他出国的盘缠还是张学良个人慷慨掏的腰包——银圆 7000 块。

清朝的中国，男人脑后拖着的长辫子，女人裹着的小脚，一直是外国人眼中的中国人的典型特征。在那个时代，整个社会绝大多数成员营养不良，面黄肌瘦。男子如能超过 1.7 米的个头就算鹤立鸡群，一站到欧洲人面前，虽不说是侏儒，但肯定是“矮人族”一类。

1984 年 7 月，第 23 届奥运会在美国洛杉矶举行，新中国第一次派代表团参加这届世界体育盛会。射击名将许海峰拿到了这届奥运会的第一枚金牌。著名播音员宋世雄以他激昂、悦耳的声音把这一喜讯通过广播、电视传到了 10 亿中国人的耳中。中国的观众、听众欣喜若狂。街谈巷议是“奥运”，饭后茶余是“奥运”，“奥运”走到了中国人身边。中国代表团在这届奥运会上共获得 15 枚金牌。中国似乎在一夜之间成了体育大国。不过头脑清醒的人知道，尽管中国在这届奥运会上实现了零的突破，但由于体育强国苏联和东欧诸国抵制了这届奥运会，所以金牌的含金量还是要打些折扣。

1988年，第24届奥运会在中国近邻韩国的首都汉城举行。中国派出了超过上届规模的代表团。体育健儿也想一试身手，为国争光。但到最后中国只拿到了5枚金牌，于是国内指责之辞不绝于耳。“奥运”真正成了中国人关注、企盼的盛会，“奥运”自身的口号、宗旨在中国人的理解中多了许多它所没有的那些意蕴。平心而论，这次参加奥运会的中国代表团组织得虽有不尽如人意的地方，但在整个世界各国的体育实际水平的比较中，中国确实有很大的差距。况且，苏联、东欧国家的参赛本身就会使奖牌的分布格局发生很大的变化。

当然，犹如我们民族有卧薪尝胆、十年未晚的典故一样，往者已逝，来者可追。痛定思痛之后，中国人又将希望的眼光放到了4年之后的巴塞罗那奥运会上。国家体委也实行“哀兵政策”，要求运动员解放思想，放下包袱，苦练拼搏，重树中国体育的荣誉和形象。

经过4年的苦练和等待，1992年7月25日，第25届奥运会在西班牙的海滨城市巴塞罗那隆重举行。172个国家和地区的1.5万名运动员、教练员、官员带着希望来到这座美丽的城市。据估计，近35亿观众将通过电视观看这一体育盛会。中国派出了近380人的体育代表团参加这届盛会。中国申办2000年奥运会的代表团也在同期抵达巴塞罗那。

25日晚8时整，随着25声礼炮的轰鸣，富有西班牙风情的大型文艺表演拉开了开幕式的序幕。参加本届奥运会的各国和各地区的代表团在进行曲声中依次入场。当中国代表团高举着五星红旗入场时，全场观众报以热烈的掌声和欢呼声。

截至8月10日第25届奥运会结束，中国选手共获得16枚金牌、22枚银牌、16枚铜牌，金牌和奖牌总数名列世界第4名。这是截至1992年我国选手参加奥运会比赛历史上成绩最好的一次。尤其是这次奥运会是奥运史上的“全家福”，中国的奖牌可谓足金、足银、足铜，货真价实。

中国代表团团长袁伟民8月9日总结中国选手在本届奥运会上的成绩时认为，中国代表团出征奥运会已全面超额完成了预定任务，夺得金牌与奖牌总数大大超过了原来的估计。这次在奥运会上得牌面比较宽，分布在游泳、体操、射击、柔道、田径等项目上，说明我国运动水平开始在各个方面取得进展。总的说来，我国竞技水平在世界上是不低的，但是与一些强国相比，我们的优势不明显，有差距，因此临场发挥变得十分重要。有些奖牌也存在一定的偶然性，因此，我们在胜利面前要保持十分清醒的头脑。要实事求是、冷静对待成败得失，按照奥林匹克精神，做到更快、更高、更强。

8月16日，中共中央、国务院在人民大会堂举行盛大招待会，热烈欢迎中国体育代表团凯旋。中共中央总书记江泽民，国务院总理李鹏，全国人大常委会委员长万里，中央政治局常委会委员乔石、宋平、李瑞环，及中共中央、国务院、中顾委、全国人大、全国政协、中央军委的其他领导人，各民主党派、各人民团体和中央党政军机关负责人等与体育健儿欢聚一堂。正在外地的国家主席杨尚昆也向奥运代表团发来热烈欢迎词。这样的规格和荣誉对体育界来说是少有的，在 1992 年全年中也属一项重要的活动。

江泽民在招待会上发表了热情洋溢的讲话，高度评价了中国代表团取得的成绩。他高兴地说：

> 在巴塞罗那，我国体育健儿经过 16 个日夜的奋力拼搏，取得了我国参加奥运会以来的最好成绩，表现了中国人民建设有中国特色社会主义的雄心壮志和自立于世界民族之林的奋发进取精神，取得了运动成绩和精神文明的双丰收，为国家赢得了荣誉，也为我国积极申办奥运会做出了贡献。
>
> 你们所取得的成绩和进步，极大地鼓舞了全国各族人民更加艰苦奋斗、发愤图强，继续沿着建设有中国特色社会主义的道路，不断创造新的业绩。
>
> 你们在巴塞罗那奥运会上，广交朋友，积极参与；在赛场上和各国选手相互学习，共同攀登世界体育高峰；在友好交往中，与各国体育健儿结下了友谊。你们是中国人民的友好使者，为增进我国人民和世界人民的友谊和团结，写下了新的篇章。

江泽民的讲话将 1992 年中国人的兴奋喜悦的情绪推向了高潮。此后，申办 2000 年奥运会成了全社会普遍关注的话题，“给中国一个机会，还世界一个奇迹”，成为绝大多数中国人共同的愿望。

三、教育要改革

◎“百万爱心行动”

◎“高考状元”奖不得

◎南京大学改革模式

◎政治理论课的困境和出路

在 1992 年的改革大潮中，中国的教育改革面临着新的任务。如何育人？育出什么样的人？教育资金短缺、教师待遇偏低，如何解决？政府包办教育，计划经济时代的教育模式面临着新的挑战。

中国社会从来就因为疆域辽阔，地区间的自然、人文环境差异较大而发展极不平衡。新中国成立之后，人民政府通过财政补助、人口迁徙等方法来解决落后地区的贫困问题。但随着人口的急剧繁衍，这种平均输血式的解困政策非但没有使贫困地区摆脱窘境，反而使较发达地区自身的发展受到了严重的影响。

改革开放之后，贫困地区的经济也有所发展，但比起经济发达的东部沿海地区依然落后，而且差距越来越大。到了 20 世纪 80 年代中期之后，人们在分析了贫困地区的贫困原因后，越来越清醒地认识到：贫困和愚昧是一对孪生兄弟，贫困导致了愚昧，愚昧加剧了贫困，两者恶性循环。以经济较为落后的云南省为例，1991 年全省 3700 万人口中，文盲竟达 940 万人，占人口比重25%之多。由于贫穷，云南省有5.4%的适龄儿童不能入学，每年有5.7%的小学生流失。

落后地区经济的不发达又会掣肘发达地区的经济发展。要从根本上解决这些地区的贫困问题，关键在教育，在提高人口的文化素质。但是，长期以来，我们对基础教育一直采取的是政府包办方式，由地方财政和中央财政拨款。对有限的中央教育资金和地方教育资金来说，要想根本解决贫困地区的儿童失学及其引起的新一代文盲增加问题，恰如“巧妇难为无米之炊”。

1989年10月，由共青团中央、全国青联等单位联合发起的“希望工程”活动产生。1990年9月之后，邓小平、江泽民、李鹏等人先后为这一活动题词。这项活动旨在依靠社会各界及海外人士，通过募捐形式筹集基金，让失学儿童重返校园，修缮破旧的校舍，资助贫困地区的乡村小学购置必要的文具、教具。“希望工程”实施一年，老一辈革命家聂荣臻、李先念、邓颖超等积极支持，港、澳、台地区的社会名流慷慨解囊，社会各界积极赞助。到1992年3月，基金会收到捐物捐款9384笔，合计金额1100余万元。

1992年4月15日，团中央中国青少年发展基金会宣布从这天起，在全国范围内实施“希望工程——百万爱心行动”计划。该计划旨在通过广泛地宣传动员工作，让更多的人了解“希望工程”，通过基金会和各级团组织的牵线搭桥，让捐赠者“个人或集体”与失学孩子结对挂钩，建立直接联系，定向资助失学儿童到小学毕业。这一举措使“希望工程”进入一个新的发展阶段。

“希望工程——百万爱心行动”推出后，由于各级部门的宣传发动，群众踊跃参加，到 1992 年 11 月，8 个月时间里，基金会共收到 4000 多万元捐款，占基金会成立以来所得捐款项的 77%。结对资助的名额达到 13.15 万人，海外结对人数 72235 人。基金会还向家境贫困、但品学兼优的 400 名中学生和 100 名大学生发放了特别助学金，救助规模覆盖了全国 117 个县。已建成的“希望小学”有 21 所，正在建设的有 19 所，还打算再建 10 所。此外，地方基金还援建了 3 所“希望小学”。

在这一年“希望工程——百万爱心行动”中也暴露出了一些问题，一是有些单位沽名钓誉，强行向单位职员硬性摊派捐款数额，损害了“希望工程”的信誉形象，甚至有人私吞捐款，引起了社会公愤；二是随着被求助儿童、少年身份的介绍，人们知道这些孩子多是计划外生育，这又挫伤了一些独生子女家长捐助的积极性。不过，多数人还是认为孩子是无辜的，捐助只是爱心的奉献。

“希望工程”在 1992 年被推向了高潮，作为“人民教育人民办，办好教育为人民”的公益活动，它对社会所起的作用不仅仅局限在教育领域，而且引起了人们观念的变化和道德的纯化。

1992 年 8 月，全国各地高考录取成绩张榜公布后，又一次引起了不少企业、商家的兴趣，不少省、市、区的“高考状元”得到了商家、企业的重奖，企业、商家的名称与“高考状元”的题名通过大众媒介走遍了千家万户，双方都获得了益处。

不过，重奖“高考状元”却引起了有识之士的关注。8月中旬，湖南省的一些名牌企业向该省教委有关部门索取“高考状元”名单，遭到拒绝，引起了社会各界不少人的非议，也引起了全国的关注。“高考状元”值不值得奖励？要不要奖励？一时成了人们饭后茶余的话题。

自我国恢复高考制度后，高考成了亿万中学生和家长们关注的问题。让自己的孩子通过公平的竞争，接受良好的教育，有一个好的命运前程，是绝大多数家长，尤其是农村家长的真实心愿。在校成绩拔尖的中学生，考上大学，最好是名牌大学，是学生和校方的共同愿望。升学率是衡量一个中学教学质量、教师水平的重要标准。片面追求升学率现象并不因为中央、政府的教改决策而发生变化，在广大的乡村甚至愈演愈烈。中学生学习负担在加重，身体状况在下降，心理素质在恶化，这些都是不争的事实。专家们的疾呼，政府部门的督导对片面追求升学率现象影响甚微。

湖南省教委拒绝企业重奖“高考状元”的做法，得到国家教委的明确支持。10月初，教委负责人表示：对于包括企业在内的社会各界尊师重教，进行捐助和奖励活动，我们一直是欢迎、赞扬和感谢的。但是重奖“高考状元”之举，确需商榷。重奖“高考状元”不仅不会实现设奖者预想的良好愿望，反而会对学校教育甚至全社会起到负面作用。所谓“高考状元”，是以高考分数的唯一标准确定的，不全面、不科学。更主要的是，能够升入大学的高中毕业生在同龄人中毕竟是少数，大多数高中毕业生都要直接走向社会。奖励“高考状元”，客观上挫伤了大多数高中毕业生的进取心。我们不赞成奖励“高考状元”，正是为了有利于全体学生都能努力上进，有利于每个高中毕业生在不同的道路上成才。

奖励“高考状元”不仅会加剧片面追求升学率的恶性膨胀，还会对没有走上社会的青少年造成成长过程中的畸形发展。1992 年秋天，教委对这个问题采取的鲜明立场无疑针砭时弊，但是片面追求升学率只是中学教育中的弊端之一，对它的克服也绝非一日之功，其他弊端的克服更需待时日。

1992 年高考录取工作结束时，居国内综合大学“龙头老大”地位的北京大学在招生中居然没有完成国家计划规定的招生指标，有 170 个名额空缺，生源的质量也大大下降。这在北大师生、教育界以至于全社会引起了很大震动。

原因是什么？有关人士分析后认为：北大在 1989 年秋招生时，让学生离校军训一年，使学制延至 5 年，学生毕业后除增加了一年工龄外，别无优惠，且不利于学生学习的系统性、连续性。此外，北大的专业设置普遍老化，缺乏实用性，学生毕业后待遇低，专业不对口，工作环境差。

这件事使北大和教委领导触动很大，北大加快了改革步伐。事隔数月后，11 月份，北大各系学科专业纷纷更换门庭，东方语言文学系改为东方学系，图书馆情报学系改为信息管理学系。一些能够为经济建设直接服务的新型高科技应用技术和学科，如信息工程、分子工程、生物工程等受到了高度重视。

与人口、生态、环境等世界热点课题有关的重点实验室和研究中心纷纷成立。文科则增设了中国古代建筑与维修、科技进步法、知识产权、外事理论与外事管理、市场管理、国际金融与贸易等71个新专业方向，甚至连哲学系也大力展开了对现实问题的研究。

11月，北大的另一项重大改革是提高教师待遇，准备在1992年内建成140多套住房，着重解决青年教师住房困难问题，1993年、1994年还将建成400套以上的住房，准备在最大程度上缓解北大教师住房难问题。此外，北大还筹集了600万元资金，用于内部管理改革，实行结构工资制，投放到岗位津贴和任务津贴上，调动教师的科研、教学积极性。

与北大1992年下半年被迫走上改革之路相比，南京大学（也简称“南大”）的改革似乎先走了一步。1988年，南大被国家教委确定为全国高校综合改革试点，1991年又被确定为校内管理体制改革试点单位。到1992年，南大由于教委和江苏省的支持，校领导大胆实践，在高等教育改革方面取得了可喜的成绩。

南大的具体做法是：第一，主动适应社会主义经济建设和社会发展的需要，力争做到更新观念，打破束缚，以新的思想指导改革和办学实践；建立新的管理运行机制，适应当代科技、文教发展趋势；上下配合，齐抓共管；实事求是，循序渐进，扎扎实实将改革推向深入。

第二，优化学科专业结构，改革人才培养体制，改革科研体制。在学科改革方面，南大以老学科为基础、依托，建设新专业，对有些基础理论专业实行隔年招生或暂停招生，对一些社会急需专业则扩大招生。在人才培养方面，南大一方面积极培养一定数量的高素质、有特色的基础科学教研人才；另一方面，大力培养从事应用研究、高科技研究与开发的应用人才。两者的比例为1∶4。在研究生培养方面，调整课程设置，努力使他们成为适应社会的复合型人才。南大还通过各种方式面向社会招生，扩大函授、专修、夜大等的规模和授课方式，培养各类社会应用型人才。在科研方面，南大通过多渠道筹集科研资金，建立了6个重点研究所（室）、14个研究中心、10个国家重点实验室和专业实验室，完成了大量国家课题。

第三，实行人事、机构改革，提高办学效益。南大是全国高校系统人事改革较早的单位，他们早就实行了“三定（编、岗、任）一聘（人员聘任）”制，优化教职员工队伍结构，增强责任感，提高工作效率。在分配模式上，建立激励机制和双轨分配模式，实行国家工资和校内津贴双轨运行分配模式，调整收入结构，提高教职工待遇。1991年，南大对机关管理干部进行合理精简，减去10%，1992年又减10%，使该校的党政管理干部的人数明显低于其他同等规模的学校。

第四，积极促进科研、科技开发与经济建设的密切结合，将科研优势发挥到社会经济生活当中去，既推进了地方经济的发展，又增加学校科研经费，形成一种良性循环的格局。

1992年，全国各地的高校都在改革，都在力图寻找到一条适合自身发展的、集教学、科研、生产于一体的办学新路。地处发达省份、率先改革的南京大学的成功经验似乎能给这些高校当时和今后更多的启示。

在中国的各类高校、中等技校、党校和军校中，公共政治理论课从课程安排的时间跨度上说，是一门最重要的课程。高校恢复公开招考制度后，政治理论课依据国家的政治形势发展，教学内容、课程设置均作了调整，但不少课程的内容显然不适应形势的新变化，有些概念、观点甚至与现行的方针、政策精神相违背。教师无法自圆其说，学生时感迷茫、矛盾，但大家还得根据国家教委颁布的教学大纲去教、去背、去应付各种各样的考核、考试。

1992年春天，邓小平在视察南方的谈话中一针见血地指出："学马列要精，要管用的。""我们讲了一辈子马克思主义，其实马克思主义并不玄奥。马克思主义是很朴实的东西，很朴实的道理。"①

在这一谈话精神的指导下，各类政治理论课的从教人员展开了对政治理论课教学改革的讨论和试验。

作为中国马列主义最高殿堂的中共中央党校的全体师生员工，学习了邓小平视察南方重要讲话后，在肯定党校多年教学成就的前提下，找出与形势发展不相适应的地方和差距，制定了教学改革实施意见。学校决定在教学内容上，进一步针对新的实际，精选对指导当前坚持党的基本路线、思想路线，进行改革开放和现代化建设急需管用的基本理论著作，特别注意增加邓小平关于建设有中国特色社会主义的有关论著、党中央的

① 《邓小平文选》第三卷，人民出版社1993年版，第382页。

重要文件的学习内容，突出马列主义在当代中国的新发展。同时，根据改革开放和现代化建设对干部的要求，努力拓宽干部的知识面，加大经济学教学的分量，增加当代科技的新发展以及如何依靠科技、教育为加快经济建设服务等方面的内容。

7月25日，中共中央政治局常委、中央党校校长乔石在全国党校校长座谈会上强调，党校的出路在于改革，党校的发展依靠改革，党校的工作也要通过改革去加强。党校的教学要做到学以致用、学能普用，通过学习，掌握马列主义的精神实质，学会用马克思主义立场、观点、方法，去解决中国现代化建设的实际问题。要少而精地精选精读一些最能体现马克思主义基本原理的马列主义原著，包括毛泽东、邓小平的著作。党校还要注意学习经济知识和现代科学知识，适当增加这方面的分量，扩大知识面，要鼓励教学和科研人员研究新情况，探索新问题，鼓励开展学术争鸣。对于理论联系实际中出现的差错，千万不要整人，不要随便在政治上上纲、扣大帽子。

乔石的谈话，不但对党校的教研工作，而且对全国马列理论课的教研改革工作具有极大的指导意义。

1992年夏天之后，围绕高校政治理论课的改革，国家教委思政司的领导、顾问、专家会同中国人民大学等单位举行了多次座谈会，研究教学内容和课程设置问题。由于事情牵涉面较大，在保持原来课程的基本前提下，对部分教学内容的过时提法作了修正，并鼓励各高校增设有关建设有中国特色社会主义内容的课程。不少高校还相继组织精干队伍，对邓小平理论进行研习、讲解，学生中也掀起了学习建设有中国特色社会主义理论的热潮。

11月下旬，总参直属院校政治教研室主任座谈会在北京举行，会议参加者对军校政治理论课教材中的内容作了分析。他们认为：长期以来，一些政治理论课内容滞后于实践，基础理论大部分还停留在计划体制理论的框架内，有的甚至照搬苏联那一套，这就造成了现行教学中强调要坚持的某些原则，恰好是实践中正在否定的；而给予否定的，又是实践中正在提倡的。有不少思想、观点、习惯、语言都是计划经济的产物，与改革开放的要求很不适应。

对此，总参党委提出，理论课要以十四大精神为指南，用新的观点和标准改革理论课教学，使教学内容适应社会主义市场经济的要求，有利于部队政治素质的提高。从1993年起，各院校开始使用新修编的教材，对已经开过的课程，要用新精神对学员进行补课。

在中国现行的政治体制下，政治理论课的设置不是可有可无的事情，但政治理论课的内容如果停滞不前，因循守旧，那么它给社会带来的负面效应是谁都不能低估的。1992年全国党校、高校、军校理论课的改革活动开展了，但任务仍然艰巨，不过，毕竟开了个头。此外，政治理论课开始改革了，其他的文科类课程内容要不要改革？怎样改革？改成什么？党校、高校、军校理论课改革，中学乃至小学的政治课、品德课又怎么办？这些都是令人深思和亟待解决的问题。

第八章

风景这边独好

迎风破浪——1992年的中国

一、睦邻往来新局面

◎叶利钦游长城做“好汉”

◎日本天皇对侵华战争“深感痛心”

◎中韩建交

◎李鹏说：中国不会对周边地区构成威胁

1989年5月15～18日，苏共中央总书记戈尔巴乔夫应邀访华。邓小平对戈尔巴乔夫说：“我们这次会晤，可以概括为八个字：结束过去，开辟未来。”戈尔巴乔夫深表赞同。18日，中苏双方发布的联合公报指出：双方一致认为，中苏两国高级会晤标志着中苏两国关系正常化。这符合两国人民的利益和愿望，有助于世界的和平与稳定。

随着中苏关系正常化的实现并取得了显著的进展，中共中央总书记、中央军委主席江泽民于1991年5月15～19日前往莫斯科，对苏联进行正式友好访问，与苏联领导人进行了高级会晤，这无疑将中苏关系推向了一个新的发展阶段。

1991年8月，苏联突然发生了令世界震惊的“8·19事件”，国内政局随后动荡不安，到了12月25日，在莫斯科上空飘扬了74年的铁锤—镰刀红旗，在围观者们的喧嚣声中徐徐降落，白、红、蓝三色十月革命前资产阶级临时政府时代的国旗冉冉升起，取而代之。庞大的苏维埃社会主义共和国联盟顷刻之间一分为十五。新生俄罗斯承接了苏联的一切国际权力和国内财产。叶利钦在克里姆林宫宣誓就任总统。

苏联与东欧社会主义国家政局的剧变，给国际共产主义运动带来了沉重的打击。经历了 1989 年政治风波，仍然高举着社会主义旗帜的中国，对眼前发生的一切，应当表示出什么样的立场和态度？全世界信仰共产主义的人们自然把关注的目光转向中国。同样，敌视共产主义的、自以为得逞的西方政客们也得意扬扬地期盼着中国会发生一些类似苏联的变故。

同时，这一剧变在中国国内也引起了震撼。国内有些思想理论界的同志在总结苏联东欧剧变的原因和教训时，从以往的思维定式出发，认为这种变故是内有“修正主义”复辟，外有“和平演变”作祟。联系到国际国内现实，主张检讨反省一下国内的改革开放政策很有必要，甚至有的同志发表文章和讲话，公开对苏东问题品头论足。

第二代、第三代中央领导从我国国内工作中心的主题出发，从以往我国对外交往的教训出发，明确了我国对待苏东变故的立场和态度。“我们谁也不怕，但谁也不得罪，按和平共处五项原则办事，在原则立场上把握住。”“第三世界有一些国家希望中国当头。但是我们千万不要当头，这是一个根本国策。这个头我们当不起，自己力量也不够。当了绝无好处，许多主动都失掉了。”[①] 邓小平在 1990 年 12 月底就向中央几位负责同志作了如此交代。

① 《邓小平文选》第三卷，人民出版社 1993 年版，第 363 页。

苏联解散了，但分裂而成的俄罗斯及其他一些独联体国家依然保持着苏联与中国漫长的边境线，仅中俄边境就有 4000 公里。与中国西北毗邻的各独联体国家同中国境内的少数民族历史上就有着共同的语言、文化、习俗，经济往来在中苏关系正常化之后得到了长足的发展。因此，为了国家的安全、边境的稳定、贸易的发展，我国必须与这些国家建立起良好的睦邻关系。

苏联解体后，中国政府立即表明了自己的立场：坚决奉行和平共处五项原则，不干涉别国的内政，尊重各国人民自己的选择。在苏联解体的第三天，即 1991 年 12 月 27 日，中国正式宣布承认俄罗斯联邦政府和其他 11 个共和国的独立。12 月底，中国政府代表和俄罗斯联邦政府代表举行会谈，就双边关系的重大问题交换了意见，并签署了会谈纪要。双方确认 1989 年和 1991 年中苏两个联合公报所确定的各项原则仍为中俄关系的指导原则；双方表示愿意承担苏联和中国签订的条约和协定所规定的义务；双方表示愿以和平共处五项原则为基础进一步发展睦邻友好合作关系。

1992 年 1 月 2 日～6 日，中国先后同乌兹别克斯坦共和国、哈萨克斯坦共和国、乌克兰、塔吉克斯坦共和国、吉尔吉斯斯坦共和国、土库曼斯坦签署建交公报，宣布建立大使级外交关系。

中国与这些国家的建交，应当说是新时期中国外交思想和外交工作的重大突破，是中国和这些国家外交史上的一件大事。为此，《人民日报》于 1992 年 1 月 8 日发表了题为《祝愿中俄关系进一步发展　祝贺中国和乌兹别克斯坦等国建交》的社论，对此给予了高度评价。

1992年，对于刚从苏联分离出来的俄罗斯来说，可谓困难重重：内部政局动荡不安，民族冲突加剧，经济衰退；外部西方世界并没兑现对俄罗斯的诺言，尽管俄罗斯在裁军、撤军问题上作了很大的让步，但俄罗斯并没有得到他们想要得到的东西。尽管如此，中俄关系却在稳步地发展，特别是经贸往来与日俱增。以边贸为例，自国务院批准建立黑河、绥芬河、满洲里经济合作区后，截至1992年11月底，黑龙江省对俄罗斯边贸总额和经济合作项目合同金额分别超过17亿瑞士法郎和21亿瑞士法郎，占我国对独联体国家边贸总额的2/3以上，居全国19个内陆省份之首。我国的粮食、肉类、轻纺产品等北上俄罗斯，俄罗斯的化肥、钢材、机电产品等南下黑龙江。贸易结构由单一的易货贸易向经济技术合作、合资经营等多元化、高层次方向发展。

1992年12月17日，应国家主席杨尚昆的邀请，俄罗斯联邦总统鲍利斯·尼古拉耶维奇·叶利钦开始对中国进行正式友好访问。临行前，叶利钦接受了中国主要媒体的采访。他在回答记者问题时表示：他对中国的访问将开辟俄中两个伟大国家关系的新纪元。现在俄中两国关系不存在过去那种意识形态方面的障碍和心理障碍。两国都在改革，实行市场经济，很有可能为对方提供极为广阔的市场，俄中两国可以在经济、贸易、社会和政治等领域开展合作。

12月17日上午9时15分，叶利钦及其夫人奈娜和随行人员乘坐伊尔－62 型专机抵达北京，开始了他作为中俄关系史上第一位访华的俄罗斯国家元首的中国之行。10 时 15 分，天安门广场鸣礼炮 21 响，杨尚昆与叶利钦热烈握手，互致问候。军乐队高奏两国国歌，杨尚昆陪同叶利钦检阅了三军仪仗队。

下午 3 时，刚下飞机五个小时的叶利钦夫妇稍作休息后，便兴致勃勃地乘车来到八达岭长城脚下，游览这一宏伟建筑。兴许叶利钦也熟知历史巨人毛泽东的那段诗句："天高云淡，望断南飞雁。不到长城非好汉。"他来中国的第一项私人活动便是在冬天丽日蓝天的自然风光中，体味一下做"好汉"的豪情。

这位乌拉尔工学院建筑系毕业的高才生登上北段长城的第一个烽火台，走向垛口，用手拍拍城墙，向导游询问长城是如何修建起来的，用的是什么材料。得到回答之后，叶利钦深有感触地说："它是世界上最伟大的工程，我在其他地方从未看到过类似的杰作。"在随行记者的要求下，满面笑容的叶利钦伸出右臂将夫人奈娜揽到身边，以长城为背景合影留念。

第二天下午 2 时 40 分，叶利钦在繁忙的外事活动中间，又忙里偷闲，在陈锦华等中方人员的陪同下，来到故宫博物院参观紫禁城。望着这座黄瓦红墙的建筑群，叶利钦啧啧赞赏，"这个建筑群震撼人心。"走出顺贞门，他收住脚步，回眸良久，感慨地说："真想再回去看看。"故宫博物院院长吕济民赠送一本印刷精美的画册《国宝》给他。叶利钦欣然接受，回赠故宫博物院一套克里姆林宫画册。

在华访问期间，中国国家主席杨尚昆、中共中央总书记江泽民、国务院总理李鹏分别会见了叶利钦，并同他进行了会谈。江泽民在会见叶利钦时表示，中俄两国的首次高级会晤对今后两国关系的进一步发展有着重大的意义，必将进一步促进两国关系的发展。叶利钦对中共十四大的决定，对中国政府在改革开放中取得的成就十分赞赏，并认为双方的合作有着广阔的前景。在会见李鹏时，叶利钦表示，发展俄中关系在俄罗斯对外关系中占有优先地位。一个强大的、统一的中国符合俄罗斯的利益。俄罗斯愿意进一步发展两国在经贸、科技、航天、航空、能源等领域的合作。他邀请中国参加在西伯利亚和远东地区的资源开发。

18 日，杨尚昆和叶利钦分别代表本国政府签署了《关于中华人民共和国和俄罗斯联邦相互关系基础的联合声明》。双方就相互关系、国际合作、台湾问题、世界及地区和平、经贸往来、人员交流、环境保护、打击犯罪等问题达成一致意见，并重申："本声明之各项内容绝不涉及双方对第三国承担的义务，也不针对任何第三国。"

叶利钦在 18 日举行的记者招待会上，阐释俄中新型关系的含义，他指出："恢复和加强俄中两国的友好关系，将为两国迈向 21 世纪创造良好的条件。访问使双边关系迈出了最重要的一步，并开辟了两国友好关系的新纪元。"他还解释说，两国关系的"新纪元"不仅在于彼此恢复了友好合作关系，而且还向这种关系注入了新的活力——信任。更重要的是，我们彼此都承认互利、睦邻、友好和信任的原则。

在中苏关系恢复前夕，中国政府就认为，新的中苏关系肯定不是敌对关系，但也不是20世纪50年代的同盟关系，而是建立在和平共处五项原则基础上的睦邻友好关系。现在，新的中俄关系应当是“平等互利、睦邻友好、长期稳定”的友好合作关系。叶利钦强调“信任”，实际上是对中国在苏东剧变之后一直奉行的尊重各国人民自由选择其国内发展道路的权利、社会制度和意识形态的差异不应妨碍国家关系的正常发展这一外交政策的肯定和欣赏。

19日上午，叶利钦由于“国内事务繁忙”，取消了原定去深圳访问、考察的计划，提前回国。抵达莫斯科机场时，叶利钦高度评价了他的中国之行，强调俄中关系进入了友好时代。

叶利钦访华期间，与中国领导人讨论了30多个问题，签订了24个合作文件，取得了圆满成功。这为中俄两国扩大经贸、科技、文化合作，两国高层的定期会晤，双方边境的谈判、划定，国际问题上采取一致或相近的立场，直至建立战略协作伙伴关系开辟了道路。

1992年是中日邦交正常化20周年纪念年。20年前，在毛泽东、周恩来和日本田中角荣首相等人的积极推动下，中日双方在1972年9月发表联合声明，宣布结束战争状态，实现了邦交正常化。1978年8月，中日两国政府又签订了《中日和平友好条约》，经两国立法机构的正式审议、表决、批准，最终完成了中日建交的正式手续。

建交之后的中日关系，尽管其中经过了日本文部省修改教科书事件、钓鱼岛事件，但基本上沿着正确的轨道向前发展。自中国改革开放以来，中日之间经济发展中的互补性愈益增强。日本的资金、技术、管理经验对走在现代化道路上的中国来说急需利用、学习、引进。同时，日本企业界始终关注中国的市场、资源。1989 年下半年之后，尽管日本在西方七国首脑会议期间签署的“制裁”中国的文件上表了态，但不久，由于中方的努力，中日之间的经贸往来仍在继续。1991 年，中日贸易额超过 200 亿美元，是 1972 年的 20 倍。日本对华投资 5 亿美元，投资企业达 1500 多家。日本前往中国的旅游者达 60 多万人，达到历史最高水平。

应日本政府的邀请，为增进中日友好关系，中共中央总书记江泽民 1992 年 4 月 6 日下午乘专机抵达东京，开始对日本进行为期 5 天的正式友好访问。这是江泽民以总书记的身份首访西方发达国家。访问之前，日本《读卖新闻》《朝日新闻》《国际贸易》《日中文化交流》等报刊均发表社论和文章，欢迎江泽民访日，并对此寄予厚望。

下午 1 时 40 分，江泽民的专机抵达东京羽田机场，受到日方的热烈欢迎。3 时，日本首相宫泽喜一前往江泽民一行下榻的迎宾馆举行隆重的欢迎仪式。随后，双方在诚挚友好的气氛中举行了 2 小时 35 分钟的会谈，就双边关系和广泛的国际问题交换了意见。江泽民对中日建交以来取得的成就给予了高度评价，并希望在《中日联合声明》和《中日和平友好条约》基础上进一步巩固和发展双边关系。对两国关系中尚存在的和可能出现的问题，江泽民认为，双方要以大局为重，妥善处理。对历史问题，江泽民希望日本“前事不忘，后事之师”，坚持走和平发展的道路。

宫泽喜一赞同江泽民的观点，对日中关系的发展和中国现代化建设事业取得的成就表示高兴和敬佩，表示日本决心不再做军事大国。晚上，宫泽喜一为欢迎江泽民一行，在首相官邸举行了盛大的欢迎宴会。宴会上，宫泽喜一高兴地向在场的日本各界人士通报了中日互换大熊猫的喜讯，并希望日中睦邻关系能像互换的熊猫一样，世世代代繁衍下去。宴会厅内响起了热烈的掌声和欢呼声。

4月7日上午，江泽民在东京日本广播厅发表题为《国际形势和中日关系》的演讲，全面深刻地阐述了当前国际形势、中日关系以及中国的对外方针政策。日本经济界、政界、文艺界以及旅日华侨、留学生2500多人在场聆听。30分钟的演讲不断被热烈的掌声打断。对中日关系，江泽民说：

> 展望中日关系的未来，我是非常乐观的。我们两国在文化方面有许多相通之处，容易进行交流，有利于增进彼此的理解和信任。……在经济合作领域，我们两国具有天时、地利、人和的有利条件。两国经济的进一步发展，为扩大合作开辟了广阔前景。……中国拥有巨大的经济发展潜力，同广大发展中国家有着广泛的联系。日本经济力量雄厚，科学技术先进，在发达国家行列中占有重要的位置。中日两国加强友好合作，对世界的和平与发展将产生重大影响。

4月7日下午，日本明仁天皇会见了江泽民，他对中国邀请他本人和皇后访华深表感谢。江泽民表示期待着他们访问中国。

在日期间，江泽民还探望了田中角荣，对他为发展中日友谊所做的贡献深表敬意；他还同日本朝野政党和民间组织的负责人进行了广泛的接触，参观了松下公司和濑户大桥。

4月10日，江泽民圆满结束了对日本的访问回国。离开日本福冈回国前，随行的钱其琛外长在对记者发表讲话时说：江泽民总书记这次访日的特点是，与日本各界进行了广泛接触，深入交谈。发展中日关系具有天时、地利、人和的有利条件。这次访问达到了纪念邦交正常化20周年，推动中日关系积极地向前发展，加强中日两国人民的传统友谊这三个目的。访问很成功，必将对中日关系的发展产生深远的影响。

4月11日，《人民日报》发表社论《增进了解　加深友谊　扩大合作》，对江泽民访日成功表示热烈祝贺。社论认为：在国际形势发生深刻变化的形势下，江泽民访日对中日发展友好合作关系，对世界和平与发展是一个不可缺少的因素。尽管双方在一些问题上存在分歧，但能本着相互尊重、平等协商、求同存异的精神，维护中日友好关系的大局。这标志着中日关系正在走向成熟。

就在江泽民取得访日圆满成功之后，应日本众、参两院议长邀请，中国全国人大常委会委员长万里从5月25日起，对日本进行了为期8天的正式友好访问。

访问期间，万里会见了明仁天皇、众议院议长樱内义雄、参议院议长田格二、首相宫泽喜一、外相渡边美智雄，并与日本朝野各界人士广泛接触，向他们说明了中国对世界局势的看法，中国的外交政策，中国对中日关系的立场，等等。他还前往北海道的札幌、四国的香川和本州关西的大阪等地参观访问。

5月26日下午，日本天皇在皇宫会见了万里，他对万里说："中日两国是隔海相望的近邻，发展两国关系，是件很好的事情。希望你的来访有助于增进两国人民的相互理解和两国关系的发展，这对和平也有利。"

万里则向他表示："发展两国友好关系，是两国人民的共同愿望。我们希望，当前两国业已存在的友好关系能够不断发展，更希望两国能世世代代友好下去。"

在访日期间，万里还应日方的要求，多次介绍了中国经济建设和改革开放的情况，并参观、了解了日本工业、农业、科技、文化、交通方面的发展历史和现状。他向日本朋友介绍了中国政府的治国理念、战略方针，希望日本加强同中国在科技、经济等各个方面的合作与交流。日本方面则表示，日本今后一定会对中国的经济建设和改革开放给予支持与合作。

6月1日，万里结束了在日本的访问，回到北京。

万里的对日访问表明了中方在中日邦交正常化20周年之际，为巩固和发展中日关系所持的积极态度和所作的不懈努力，并且这方面的工作取得了明显成效。到1992年9月底，中日贸易额达到了204.95亿美元，比1991年同期增加了28.2%，创造了历史最高水平。9个月中，日本累计从中国进口货物（主要是食品、矿物性燃料、原油、化纤产品、服装等）达122.57亿美元，出口82.38亿美元，预计全年中日贸易额将达到280亿美元。

中共十四大刚刚闭幕，应国家主席杨尚昆的邀请，日本天皇明仁和皇后美智子一行从10月23日开始对中国进行了为期6天的正式访问。

访问之前，10月15日，天皇和皇后接见了由《人民日报》、新华社等中国新闻媒体组成的中国新闻代表团，就访华问题回答了记者们的提问。天皇表示："中国是我至今没有访问过的国家，因此，中国的一切对我都是第一次，将使我感到新鲜。""这次……我将在接触中国文化和历史的同时，与更多的中国人交流，努力加深相互理解和增进日中两国的友好关系。"他称自己从小就喜欢中国古典中的"忠恕"之道，还回忆小时候学的一首歌颂奔腾不息的长江的歌曲。事后，日本外务省的官员称，天皇和皇后接见中国新闻代表团"是个不寻常的举动"。

天皇和皇后访华在日本国民中也引起了强烈关注。访华前夕，日本外务省曾做过一次舆论调查，70%的国民支持天皇及皇后访华。事隔一天，《东京新闻》的舆论调查结果显示，一夜之间，支持率上升了16个百分点。这表明，在日本国民中发展日中友好关系是大势所趋，人心所向。

10月23日下午1时40分，日本天皇和皇后乘坐的专机准时降落在首都机场。下午4时，杨尚昆在人民大会堂东门外广场主持隆重的欢迎仪式，热烈欢迎日本天皇和皇后的到来。在两国国歌声中，21响礼炮鸣响。在杨尚昆的陪同下，天皇踏上了红地毯，检阅了中国人民解放军三军仪仗队。

在当晚杨尚昆为日本天皇和皇后举行的盛大宴会上，杨尚昆代表中国政府和人民对日本天皇和皇后在中日邦交正常化20周年之际访问中国表示热烈欢迎。在盛赞了中日传统交往和20年来中日关系取得的成就后，杨尚昆说："令人遗憾的是，在近代历史上，中日关系有过一段不幸时期，使中国人民蒙受了巨大的灾难。'前事不忘，后事之师'，牢记历史教训，符合两国人民的根本利益。"他表示相信，日本天皇和皇后的这次访华，将会进一步增进中日两国人民的相互了解和传统友谊，推动两国的友好合作关系向着新的深度和广度迈进。

日本天皇在致答谢辞时回顾了中日友好交往的历史，关于日本"给中国国民带来深重苦难的不幸时期"，"我对此深感痛心。战争结束后，我国国民基于不再重演这种战争深刻反省，下定决心，一定要走和平国家的道路"。他对两国和平友好关系的发展表示欣喜，并希望这种良好关系进一步发展成为不可动摇的关系。

24日上午，日本天皇和皇后游览了八达岭长城北段第三烽火台。他们在听了有关长城的历史后，惊叹不已。晚上，中共中央总书记江泽民会见了日本天皇和皇后。他说看到了日本天皇23日的宴会答谢辞，对中日关系他主张一要以史为戒，二要向前看，三要世世代代友好下去。天皇向江泽民表示，"日中两国要回顾过去，展望未来，加强两国关系十分重要"。

25日下午，日本天皇和皇后一行离开北京，前往反映中国5000年悠久历史和灿烂文明的古都西安参观访问。26日，他们游览了大雁塔、陕西历史博物馆、西安碑林和古城墙。他们陶醉在中国博大精深的历史文化中。

27日下午，日本天皇和皇后等日本贵宾又来到充满现代气息的中国最大的城市上海参观访问，与上海各界知名人士见面，还参观了上海交通大学海洋工程国家重点实验室。

28日下午，日本天皇和皇后圆满结束了对华访问，从上海取道回国。对天皇的这次访问，日本朝野各界给予了高度评价。渡边外相说，天皇和皇后的访华对促进日中两国人民之间的友谊和理解具有非常重要的意义，它将成为日中两国人民作为好邻居面向未来的重要契机。日本舆论界均认为，天皇访华促进了日中睦邻友好关系。

在中日邦交正常化20周年之际，中日两国高层互访确实增进了彼此相互了解，加深了两国之间的友好关系，使中日两国在各方面的交往中都达到了新的更高的水平。

1992年，中国和韩国正式建立外交关系，这是中国这一年对外工作取得的重大成就之一。

中韩两国可谓是“鸡犬之声相闻”的近邻。两国在历史上有过相当长的友好交往和文化交流，还曾在近代为反对外来侵略而并肩战斗过。二次大战后，一条北纬38度线将朝鲜半岛一分为二，两国关系处于隔绝和不正常的状态。随着冷战趋于结束，从20世纪80年代中期开始，两国之间有了经贸往来。1988年，双方之间的贸易额达到30多亿美元，1991年达到58亿美元，1992年前8个月已经达到75亿美元。作为亚洲经济“四小龙”之一的韩国在经济发展、企业管理方面有许多值得中国借鉴的经验，特别是中国有待开发的巨大市场吸引着韩国商界、企业界。到 1992 年 6 月，韩国政府批准对中国投资的企业有 292 家，投资额达到 2.5 亿美元，其投资范围从初期的中小型劳动密集产业扩大到电子、化工、钢铁等骨干企业。到 1992 年 8 月，中韩两国间的人员交往已达 12 万人。韩国地处东北亚，对朝鲜半岛的稳定和平起着举足轻重的作用。从经济互补优势和地区政治稳定来看，中韩建交势在必行。

1992 年 8 月 24 日上午 9 时，中国国务委员兼外交部部长钱其琛和韩国外务部长官李相玉分别代表两国政府在北京钓鱼台国宾馆芳菲苑大厅签署《中韩两国建交联合公报》，双方正式建立外交关系。《人民日报》第二天发表社论，祝贺中国与韩国建交。

9 月 27 日下午，应国家主席杨尚昆的邀请，大韩民国总统卢泰愚乘专机抵达北京，开始对中国进行为期 4 天的国事访问。与卢泰愚同行的除了他的夫人和一些政府官员外，还有经济和新闻界人士 500 多人。中国政府陪同团团长、对外贸易部部长李岚清前往机场迎接。作为第一位访华的韩国总统，卢泰愚一下飞机便对李岚清说："我很高兴能来中国访问。"

28 日上午，杨尚昆在人民大会堂东门外广场举行隆重仪式，热烈欢迎卢泰愚一行。随后，宾主进行了正式会谈。杨尚昆认为，中韩两国建交符合两国人民的根本利益，为两国在各个领域里的合作开辟了广阔的前景，并有利于东北亚和整个亚洲的和平、稳定与发展，国际社会对此反应良好。卢泰愚对中国的改革开放和建设成就由衷敬佩，并称自己这次带来了韩国最优秀的企业家，这将有效地推动两国经贸关系的发展。

29日上午，国务院总理李鹏前往钓鱼台国宾馆，会见了卢泰愚。李鹏向卢泰愚介绍了中国的发展战略和改革开放政策。他认为，中韩地理上毗邻，经济上互补，双方又有发展经贸合作的良好愿望，两国互利合作的前景是很好的。卢泰愚对邓小平倡导的改革开放路线十分敬佩。

29日下午，江泽民在人民大会堂会见了卢泰愚，他相信双方领导人一定会高瞻远瞩，把两国的关系推向前进。这不仅有利于两国人民，而且对本地区的和平与发展也会产生积极影响。卢泰愚对此表示赞赏，并称韩中两国的合作潜力很大。两国企业界人士正在把两国的合作潜力变为现实。在下午举行的记者招待会上，卢泰愚说："作为相互尊重的友好之邦，我愿再次阐明，为了珍惜两国间这种友好合作关系，将以最大的精诚使其更进一步地发展下去。"

30日上午，中韩两国政府签订了《贸易协定》《投资保护协定》《关于设立经济、贸易、技术联合委员会协定》《科学技术合作协定》。杨尚昆和卢泰愚出席了签字仪式。仪式结束后，卢泰愚一行离京赴沪访问，与杨尚昆话别。他请杨尚昆转达对邓小平的问候，并祝邓小平身体健康。

卢泰愚到达上海后，上海市副市长赵启正向他及随行的经济界人士介绍了浦东新区的开发情况。卢泰愚对此很感兴趣，还询问了浦东建设的资金来源问题。随后，韩国客人参观了1914年大韩民国临时政府在上海的旧址。

卢泰愚的成功访华使中韩关系发展达到了新的起点，它为日后关于朝鲜半岛问题的四方会谈打下了基础，并为中韩经贸往来及文化交流的发展起了积极的推动作用。

越南与中国南部的广西、云南接壤，两国人民之间有着悠久的传统友谊。从1950年到1978年，在越南的抗法抗美斗争中，中国人民给予了无私的援助。越南一向是中国对外援助的国家。抗美战争结束后，越南在苏联的支持下，利用战争缴获的武器，在推行地区霸权主义的同时，开始公开反华，从1978年下半年起，屡次在中越边境制造事端。1979年2月17日，中国边防部队被迫奋起还击，严惩了越南当局。中越关系的恶化是两国人民都不愿看到的事情，中国政府在自卫还击战后，多次发出改善两国关系的建议。但越方自以为有苏联撑腰，或置若罔闻，或回避要害，致使恢复关系的谈判毫无实质性进展。

随着苏联势力的衰竭和中苏关系的改善，以及越南长期穷兵黩武所造成的国内经济困顿，越南当局开始回到现实中来了。

1990年北京亚运会期间，越南派出了以武元甲大将为团长的体育代表团参加亚运会，表现出改善两国关系的姿态。与此同时，中越边境的民间贸易开展起来。

1991年11月，越共中央总书记杜梅和部长会议主席武文杰率领高级代表团访华，中越关系恢复正常化。1992年上半年，中越之间为发展两国关系签订了8项协定。1992年前9个月，中越进出口贸易总额达1.04亿美元，比1991年同期增长了3倍多，其中出口6448万美元、增长2.8倍，进口3903万美元、增长3.5倍。

1992年11月30日，中国国务院总理李鹏应越南政府总理阮文杰的邀请，开始对越南进行为期5天的正式友好访问。

越南方面对李鹏的这次访问极为重视，《人民报》在11月27日发表文章，认为“这是两国关系中的重要事件”，“将为把两国友好睦邻关系和合作向前推进一步做出贡献”。李鹏这次访越是自1971年以来中国总理的首次来访，11月30日早晨6时，河内广播电台头条播发了这条消息，并发表社论表示欢迎。

越南河内时间11月30日上午11点30分，李鹏一行乘飞机抵达河内，受到越方隆重欢迎。下午，李鹏与武文杰举行了正式会谈。武文杰对一年来越中关系的发展给予了肯定，并高度评价了中共十四大。他相信李鹏的这次访问将标志着越中关系的进一步巩固和发展。

李鹏在会谈中批驳了国际上有些人散布的影响中越关系和中国与周边国家关系的所谓中国“填补真空”的说法。这种说法认为两个超级大国从亚洲撤出后，中国将独霸亚洲，成为亚洲新的霸主。李鹏指出：

> 这是毫无根据的。……我愿意郑重声明：中国的国防力量完全是为了防御。中国反对霸权主义，自己也不称霸，即使将来强大了，也永远不称霸。

关于两国的领土争议，李鹏表示，中国主张通过谈判解决争端，双方不使用武力或以武力相威胁，在问题获得解决之前，双方都保持克制，不要让这些问题影响两国关系的改善和发展。对双边关系，李鹏说，中越两国国情相近，经济上有一定互补性，又是近邻，进一步发展经济合作有不少有利条件，潜力很大。

武文杰赞同李鹏对上述问题所持的观点。他相信，只要两国共同努力，双方经贸会得到新的发展。双方只要从大局出发，就能妥善解决领土争议问题。

在越南期间，李鹏会见了越共中央书记杜梅、越南国家主席黎德英，并瞻仰了胡志明墓，参观了胡志明市。在这些会见、参观和记者招待会上，李鹏多次阐述了中国政府在中越关系、国际问题上的立场，赢得了越南方面的信任，受到了国际舆论的好评。许多媒体认为，李鹏的这次访问给亚洲周边国家“带来一种信任感”，“中国是一个稳定的伙伴”。

12月24日，中越双方发表《联合公报》，对李鹏这次访问的成果给予了肯定。同日，李鹏圆满结束了越南之行，从胡志明市取道回国。

1992年，中国与周边国家的交往除了上述活动外，还有以下几个方面：中国加强了与东盟六国的对话与磋商，在许多重大的国际与地区问题上取得了共识；中国同朝鲜、巴基斯坦、孟加拉等国的传统友谊与合作不断加深；与印度的关系明显改善；中亚新成立国家的元首和政府首脑也多次来华访问。这一年，中国与周边国家的睦邻友好关系得到了前所未有的发展。

二、有理、有利、有节

◎美国总统大选，中美关系曲折

◎香港来了个彭定康

◎法国也向台湾出售武器

中美关系自1985年起便开始出现恶化势头。这年5月15日，美国众议院通过该年度援外法案修正案，声称“中华民国”（台湾）在亚洲开发银行中的地位和名称不应成为中华人民共和国加入该机构的先决条件。7月10日，众议院通过一项法案，攻击中国的计划生育政策侵犯了“人权”。1987年6月和11月，美国众参两院又以“人权”问题为借口，攻击中国政府的西藏政策。中国外交部和全国人大常委会于1985年9月27日、1987年10月7日和1987年12月26日，先后发表声明，谴责美国国会干涉中国内政的言行，要求美国有关方面改变其错误做法。

1989年，中美关系出现严重倒退。这年3月，中国西藏地区发生了暴乱，很快被平息。美国参议院通过了一项西藏问题的决议，污称中国政府“对手无寸铁的示威者使用武力”，“侵犯人权”，要布什政府向安理会建议派一个联合国观察小组去监视西藏的局势。6月4日，中国政府平息了发生在首都北京的政治风波。第二天，布什发表讲话，称“美国不能原谅暴力进攻行为”，并下令对中国采取5项制裁措施，包括：暂停武器销售和商业性出口，暂停两国军方高层互访，重新研究延长留美中国学生的逗留时间，向受害者提供人道主义医疗援助，重新研究双边关系的其他一些方面。20日，美国政府宣布暂停同中国高层的接触，并力求推迟考虑新的国际金融机构向中国贷款事宜。

美国国会在这年6月、7月和年底通过进一步制裁中国的议案时，布什政府均予以否决。因为布什本人曾长期在中国从事外交工作，对中国的国情比议员们更为了解。但布什政府既想谋取连任，又想使美国充当“国际警察”的角色，这使他常常附和国会意见，继续干涉中国的内政。

在1990年2月21日美国国务院向国会提交的年度人权报告中，诬蔑中国“镇压民主运动”“不尊重人权”“政治犯人数增加”，等等。次日，中国外交部就美国政府以谎言为依据，严重侵犯中国主权、干涉中国内政、违背国际关系基本准则的行为提出强烈抗议。

1991年上半年，美国国会内的反华势力上蹿下跳，屡次向布什政府施压，要求有条件地延长中国最惠国待遇。7月23日，参议院以55票赞成、44票反对通过了有条件延长最惠国待遇议案，遭到布什总统的否决。参议院没有凑足2/3多数推翻总统的否决，从而使无条件延长中国最惠国待遇议案自动生效。

1991年苏联“8·19事件”后，美国国内的反华势力不断在人权、最惠国贸易待遇、台湾、西藏等问题上向中国发难。布什政府在强大的压力下开始调整对华政策。

这年8月，布什向国会提交的“国家安全报告”中写道：“美国同台湾保持着有力的非官方的实质性关系。”“我们的目标之一是促进台湾和中华人民共和国之间形成能够进行建设性的和平的交流环境。”

1991年9月5日，美国海关总署采取突然行动，查封中国驻美的25家贸易公司和驻美代表机构。10月7日，美方宣布要就“中国对美进口和实行贸易壁垒一事进行调查”。

10月28日，布什签署的《国务院授权法》称西藏是“被占领的国家”，它的真正代表是达赖及其“流亡政府”，“西藏一直保持着不同于中国的主权、文化和宗教特征”，中国对西藏而言是一个“非法占有者”。

美国采取这些行动的目的是想通过外部挤压，使中国成为第二个苏联，实现“和平演变”。但事情并没有按照美国反华势力的预想发展。经过长期“独立自主，自力更生”考验的新中国政府和人民从来没有向任何敌对势力屈服过；中国改革开放十几年积累的基础和经验，使它有能力保持政局的稳定和经济的增长；美国20世纪80年代末90年代初对外关系中的霸权主义行径，以及1991年对中国遇上特大洪涝灾害的态度，使越来越多的中国人认识到美国所宣扬的“人权”“民主”的虚伪性。此外，美国的反华政策在国际上响应者也越来越少。这期间，中国在亚太地区与印尼恢复了外交关系，与新加坡、文莱建立了正式外交关系，与越南关系正在改善，同日本完全恢复了邦邻友好关系。在欧洲，包括英、意在内的一些国家的领导人相继访华，欧共体同中国也恢复了正常关系。

在此背景下，布什政府改变了对华策略，认为只有保持与中国外交接触，才能实现美国的根本利益。于是从 1991 年下半年起，美国高层就开始酝酿国务卿贝克的访华事宜。

11 月 15 日下午，贝克一行冒着初冬的严寒来到北京，在钓鱼台国宾馆与中国外长钱其琛举行会谈。会谈是在紧张的气氛中进行的。钱其琛对贝克说："中美两国应该超越意识形态的分歧，着眼于未来，着眼于 21 世纪，从战略高度来处理彼此之间的关系。"他表情十分严肃地历数了美国在中国政治风波后对华关系中的种种不友好行为，"制裁使中美关系受到了严重的伤害，美国应当取消对中国的制裁"。

贝克绕过话题，利用布什政府在处理对华最惠国待遇上的举措旁敲侧击地要挟中方，"布什总统在这一问题上处境非常孤立，希望中国方面理解美国政府的这一难处"。

在分歧较大的人权问题上，双方从各自的理解出发，没有取得一致性看法。

16 日，江泽民、杨尚昆、李鹏先后会见了贝克一行。他们从中国近代历史和国情出发，阐述了中国对国家生存权和人民主权问题的看法。同时强调，中方非常重视中美关系，愿在平等互利、相互尊重的基础上恢复两国高层往来。在目前这种国际背景下，两国政治家应当高瞻远瞩，着眼于国际大局，经常交换意见，推动双边关系的正常发展。贝克原则上同意中国领导人的观点。

贝克短暂的中国之行，与中国高层前后进行了共 18 个小时的会谈。中方认为"这次访问是成功的，有助于中美关系的恢复与发展”。贝克在记者招待会上称：“这次访问表明美国愿意进行高级接触，从而努力解决两国之间的问题，努力保持和恢复两国之间的关系。”

1991 年底贝克访华之后，中美关系出现了明显的改善。然而，这种改善势头在 1992 年却遇到了新的波折。

1992 年初，中美关系出现了“良好开端”。1 月 10 日至 16 日，中美两国知识产权谈判团在华盛顿举行知识产权保护问题谈判。17 日，双方签署了谅解备忘录。从这天起，终止美国 1988 年修订的贸易法特殊 301 条款对中国发起的调查，并取消把中国指定为重点观察国家。

1 月 31 日下午，正在美国纽约参加安理会首脑会议的中国总理李鹏会见了美国总统布什。双方就双边关系和国际问题以及亚洲形势交换了意见。两国领导人一致认为，这次会晤是有益的。这是 1989 年以来，中美两国首脑的首次会晤。

1992 年是美国的大选之年，共和党、民主党为争夺政府大权及国会席位展开了殊死角逐。对华政策成了两党及其候选人争论的焦点。在野的民主党候选人克林顿指责布什政府的对华政策“过于软弱”，对中国的人权状况“漠不关心”，“对那些不加掩饰地蔑视民主、人权和控制危险武器技术扩散的必要性的年迈统治者百般娇惯”，“照常同在天安门广场扼杀自由的人做生意”。

7 月，民主党全国代表大会之后，布什的支持率竟落后于克林顿 24 个百分点。尽管共和党也在努力奔走，但到了 8 月，布什的支持率还是落后于克林顿 14～17 个百分点。不久，佛罗里达州发生特大飓风，布什处理欠妥，支持率重又回到了7月的水平。谋求布什连任的共和党和布什本人沉不住气了。为了拉回选民，布什的谋士们及许多众议院议员建议他在对华关系上做文章。

1992年9月2日，布什政府经过近1个月的谋划，置中美关系和亚太地区和平于不顾，悍然决定向台湾出售150架F－16战斗机。

早在1981年，台湾当局曾向美国要求购买F－16战斗机，但美国从战略角度考虑，未予理睬。这次布什政府作出如此决定有多种考虑：其一，迎合美国国内有些人的“中国威胁论”，这些人认为冷战结束后，随着中国的强盛，中国有可能填补苏联在亚太地区的真空。通过售台武器，达到牵制中国的目的。其二，1992年6月，美国的失业率达7.8%，创1984年以来的新高。7月，美国的军工企业就有1.7万人失业。其三，通过售台武器给一直搞“隐性台独”的李登辉之流撑腰打气，破坏中国的和平统一事业，仍将台湾岛视为美国在太平洋上“不沉的航空母舰”。

布什的这一决定刚一宣布，就引起了中国方面强烈反应。9月3日，中国外交部副部长刘华秋奉命紧急约见了美国驻华大使芮效俭，就美国政府决定向台湾出售F－16战斗机一事向美方提出最强烈的抗议。9月4日，全国人大常委会、全国政协常委会分别就此事提出最强烈抗议和表示最强烈谴责。“两会”发表的严正声明中均指出：美国这个决定完全违反了“八一七”联合公报，由此产生的一切严重后果，只能由美国政府负全部责任。9月5日，《人民日报》发表评论员文章《恶化中美关系的严重步骤》，认为这是“粗暴干涉中国内政，严重损坏中美关系，干扰和破坏中国和平统一的霸权主义行径”。

与此同时，巴基斯坦、新加坡、马来西亚、印度、瑞士等国的舆论媒体发表文章和评论，认为布什政府的这一行动违反了正常的国际行为和道德准则，中国提出最强烈抗议理所当然。

8月21日，就在中美双方举行第八轮市场准入谈判时，美方突然宣布了一份针对自中国进口的价值39亿美元的商品报复清单。对此，中方于9月份做出了相应的强烈反应，对从美国进口的计算机、飞机、汽车、医疗器械、复印机、农药、化纤、木材及木材制品、照相机、棉花、成品油、医药、化工品等商品采取相应的反报复措施，所涉商品金额约达40亿美元。

9月11日，布什政府决定取消对中国实行的卫星及卫星零部件出口限制，美国制造商将获得委托中国发射的6颗通信卫星的出口许可证。布什认为这“符合美国的国家利益”，“有助于减少我们对中国的贸易逆差和为美国工人提供就业机会”。这一年，当国会议员们再一次提出有条件延长贸易最惠国待遇时，遭到了布什的否决。

在1992年美国大选期间，美国政府的对华政策摇摆不定，出尔反尔，使中美关系错综复杂。经过这一年的波折，中国方面以长远目光提出了处理中美关系的原则。

1992年11月30日，中共中央总书记江泽民在会见美国众议院军委会军事设施与设备小组委员会主席帕特里夏·施罗德女士率领的美国众议院议员访华团时说：中国希望与美国增加信任，减少麻烦，发展合作，不搞对抗。中国愿在中美三个联合公报的基础上，同克林顿先生和美国新政府建立合作，为中美关系的改善和发展而共同作出努力。

由于美国新政府在最惠国待遇、人权问题、台湾问题、知识产权问题等方面继续挑起事端，中美之间的较量仍在继续。不过中美关系的改善并不是以美国的某些人的主观意志为转移的。就在1992年前10个月，中美双边贸易额已达131亿多美元，到9月底，美商来华投资项目约有3900个，协议金额达63.4亿美元，在外国对华投资中处于首位。

自20世纪80年代中后期以来，随着香港回归祖国的日期日益临近，中英关于香港问题的争执也愈演愈烈。1992年，港督易人，彭定康屡屡挑起事端，使香港问题复杂化，中方给予了有力的回击。

1989年夏季之后，西方国家联合制裁中国，中英关系随之恶化。英国方面宣布取消查尔斯王子和戴安娜王妃原定于11月份的访华计划。不久，英国单方面宣布中断中英联合联络小组的工作，使原定于1989年7月举行的第13次会议推迟到9月底举行。会上，英方和港府的一些官员重提中国在香港不应驻军问题。在10月举行的西方七国首脑会议上，英国谋求香港问题国际化。在同月的英联邦首脑会议上，英国要求英联邦国家一起来关心“香港的前途”。10月18日，中国外交部发言人代表中国政府表示，“坚决反对英国将香港问题国际化的企图”。25日，发言人再次表达了中国政府的这一严正立场。

12月20日，英方突然宣布给予约22.5万香港居民以包括联合王国居留权在内的完全英国公民地位。还号召英国的“伙伴和盟国”效法英国的做法，将香港居民的国籍“国际化”。这一完全违背《基本法》的做法，遭到了中国政府的强烈反对。

1990年1月10日，港督卫奕信应邀访华，与中国外交部、港澳办官员交换了有关香港政治体制的意见。双方在一些问题上都做了些让步，中英关系开始有所缓和。4月4日，七届人大三次会议批准了《基本法》。英国外交部和香港政府对此做了较高的评价。

7月23日，英国外交大臣赫德访华，中英恢复了两国间高级官员的接触。随后，英国还敦促欧共体早日结束对华制裁，实现与中国关系的正常化。

1991年是英国的选举年，“铁娘子”撒切尔夫人首相生涯结束，政治新秀梅杰上台。12月31日，梅杰宣布：卫奕信爵士将退休。1992年4月24日，英国女王伊丽莎白二世正式任命彭定康为第28任港督。

彭定康是个精力充沛、经验老到的政客，作风强硬，刚愎自用，与梅杰、赫德是多年的政坛搭档，他对中国文化、中国国情和与中国的外交事务几无所知。

5月20日，在彭定康即将赴任之前，他似乎对与中国打交道信心十足，在伦敦盛赞邓小平提出的“一国两制”原则，表示将尽力让香港平稳地回到中国。7月10日，彭定康走马上任，发表就职演说，称自己将努力消除中英误会，建立起相互间的信任关系。对此，中方表示了非常谨慎的欢迎。从梅杰政府的对港态势和英国一些舆论在新政府对香港问题的导向，以及彭定康本人的背景上看，中方做出这样的姿态是很恰当的。

彭定康上任后给港人的印象是作风平易，谈吐随和，衣着随便，一改以往港督那种生硬的绅士派头，一时成为令人瞩目的人物。

9月4日、5日，英国外交部负责香港事务的次官和撒切尔夫人先后抵港，与彭定康商讨施政报告。15日，彭定康回伦敦与梅杰、赫德等人会晤，确定他的施政报告。10月7日，彭定康在香港立法局宣读了长达3万字的施政报告《香港的未来——5年大计展新猷》，梅杰对此十分支持。与之同时，英国的军队则打算进行一次代号为“翼龙行动”的军事演习，“向入侵军队显示，香港仍然处于英国的主权之下”。

彭定康的施政报告利用中英《联合声明》中“协商”两字，采取含糊不清、先斩后奏的方法与中方“捉迷藏”。利用《中华人民共和国香港特别行政区基本法》（以下简称《基本法》）中没有做细致、具体的关于立法会功能团体选举方法规定的“漏洞”，将间接选举改为直接选举。所有的操作均为“黑箱”手法。

彭定康的施政报告一经公开，中方立即做出强烈反应。8日，国务院港澳办发言人警告彭定康，假如香港在后过渡期发生任何不能同《基本法》相衔接的改变，英方应负完全责任。到时香港特别行政区的有关机构将按《基本法》和全国人大的有关规定设立。同时，外交部发言人重申了上述立场。新华社香港分社认为，彭定康的施政报告“极不负责任”“冒失”。香港经济界和英国的贸易商们对彭定康的施政报告纷纷提出批评、指责。

20日，彭定康首次到北京访问。钱其琛和港澳办主任鲁平先后与他分别进行了长达6个小时和11个小时的会谈，气氛是紧张的。彭定康威胁中方：如果北京不在政改和新机场修建问题上与港府达成协议，港府将单干。

针对彭定康的狂妄言论，钱其琛和鲁平据理力争，给予了有力驳斥，阐明了中方的坚定立场。23日，鲁平在新闻发布会上发表谈话，希望彭定康回到《基本法》的轨道上来。他认为，《基本法》的解释权在中国全国人大常委会，英方无权做出解释，彭定康个人更无权解释，他利用《基本法》的“协商”和“漏洞”是徒劳的。目前中英双方的分歧实质上不是什么加快香港民主步伐的问题，而是究竟是合作还是对抗的问题。如果英方坚持要对抗，中方将奉陪到底。在香港新机场建设问题上，如果英方对未来特别行政区政府承担的责任和义务单方面做出决定，就是违反了双方关于这一问题的谅解备忘录，中方对整个新机场的建设不予支持，由此造成的后果均由英方负责。

28日，中方公布了中英两国外长1990年有关立法局对1995年选举安排进行磋商的7份函件内容，证实了彭定康施政报告中的“宪制方案”部分对香港的现行政治体制单方面做出的重大改变，违反了中英《联合声明》，不符合《基本法》有关规定，背离了双方曾达成的谅解。

11月17日，正在英国访问的中国副总理朱镕基在伦敦会见了英国首相梅杰和外交大臣赫德，他强调指出：维护香港过渡时期的稳定繁荣，确保1997年平稳过渡和政权的顺利移交符合中英两国和香港的利益。香港当局的政制改革方案其做法和内容都违反了有关规定的精神，为香港的平稳过渡设置了障碍，给香港的繁荣稳定造成了危害。中国在原则问题上是不能让步的，对恐吓并不害怕。

但彭定康对中方的多次善意劝告和严正警告充耳不闻，在梅杰、赫德等人的支持下，他决定向立法局申请拨款，推出新机场平台的契约，单方面做出财务安排。

11月30日，港澳办发言人做出更加严厉的表态：英国在香港的管治权将在1997年6月30日中止，无权处理任何涉及此后的事务。12月2日，李鹏在河内的记者招待会上再次申明，中英争论的实质不是什么民主问题，而是是否信守承诺的问题。

12月8日～10日，中英联合联络小组第25次会议在香港举行。会议没有取得进展，中方坚持不对外发表联合声明，这在1985年之后，还是首次。

此时的彭定康变本加厉，将目光转向国际，谋求香港问题国际化。澳大利亚和加拿大这两个英联邦国家率先响应，美国也表示支持，而亚洲国家则沉默以对。彭定康还采取“大胆”行动，单独与台湾方面接触。

12月中旬，鲁平向媒体透露：如果英方和彭定康一意孤行，中方将“另起炉灶”。为争取不使问题弄得更僵，中方向外透露和谈信息，认为对话大门尚未关上，只要双方放眼长远，坦诚合作，争执完全可以化解。

1992年下半年中英在香港问题上之所以出现上述局面，原因有二：其一，1991年苏联“8·19事件”后，国际局势发生了巨大变化，西方国家有些人认为中国“内外交困”，迟早要步苏联的后尘。英国从老牌殖民主义的心理出发，想在香港问题上获取即将失去的利益。英国的一些政客们实际上错估了形势。其二，彭定康本系政客。哗众取宠，增加知名度，以捞取政治资本，是西方民主制下一切政客惯用的手法。彭定康一而再、再而三地挑起事端，目的正在于此。不过，他找错了地方，找错了对手。

中法自1964年建交以来，两国政府和两国人民之间友好合作关系整体上来说一直在健康发展，但1992年下半年，两国关系却蒙上了一层阴影。

1990年下半年之后，由于法国自1982年以来一直奉行紧缩的经济政策，抑制了经济的增长，经济结构相对落后，又受德国高利率政策的牵制，因此到了1992年上半年经济形势非常严峻，经济增长几乎停滞不前，财政赤字迅速上升，失业问题极其突出，外贸失衡，贸易逆差达300亿法郎。这一切严重地削弱了执政的社会党的地位，密特朗总统的声望也受到了影响。增加出口，迅速扭转经济困难局面成了密特朗政府的当务之急。

中英香港问题的争执，美国对台出售武器，这似乎给法国政府一个可乘之机。在对华经贸往来上，法国政府不是把眼光放在开放了的庞大的中国市场上，不是去关心空中客车、高速火车、民用核工业、自动电话交换机等法国在华投资占优势的项目上，而是违背中法建交公报中“世界上只有一个中国，台湾是中国领土不可分割的一部分”的诺言，置两国人民的传统友谊和长远利益于不顾，明目张胆地违背建交公报和国际关系准则，同意向台湾出售高性能战斗机，侵犯中国主权，干涉中国内政，在海峡两岸制造紧张局势。

11月中旬，法国达索公司与台湾签订了向台出售60架幻影2000型战斗机合同。消息公开后，11月19日，中国外交部发言人代表中国政府表示强烈反对，并发出警告：“如果法方不顾中方的强烈反对，一意孤行，中方将做出强烈反应，由此产生的一切严重后果，法国政府必须承担全部责任。”

11月27日，中国经贸部发言人在答记者问时说，法国向台湾出售战斗机“势必损害中法两国间的经贸关系，亦使一些在谈的合作项目缺少取得进展所必需的气氛和条件”，“中国经济在加速发展，今年1至9月，中国从欧共体国家的进口较过去同期增长百分之十点九，法国因酝酿售台战斗机已落在后面，我们希望法国把目光放远些，尽快取消售台战斗机合同，以使中法经贸关系得以正常发展”。

11月29日，全国人大常委会和全国政协外事委员会分别发表声明，抗议法国向台湾出售幻影战斗机。“中国重视中法关系，但在涉及中国的主权、安全和尊严问题上，中国政府和人民是决不会让步的。”“法售台战斗机严重损害了中法两国在各个领域中的友好合作。法国政府必须对由此造成的一切后果承担全部责任。”

12 月 16 日，中国外交部部长钱其琛在外交部新闻司举行的新年招待会上说：法售台武器问题“直接关系到我们国家和民族的根本利益，我们不能在这些问题上作出让步”，“我们必然会做出强烈的反应，包括经济方面，也包括政治方面。现在法国政府一直告诉我们，他们还没有正式批准这个合同。所以，我们要看一看，法国方面究竟怎样做”。

对中国政府的严正立场和诚心诚意，法国政府置若罔闻，还是批准了达索公司向台湾出售幻影战斗机，并为自己的行为作拙劣的辩解，声称这笔生意不影响法中政治关系，不违反法中建交原则。

为此，中方做出了立即反应。12 月 23 日，外交部副部长姜恩柱召见法国驻华大使马腾，奉命要求法国限期关闭驻广州总领馆，“法国政府的行为已对两国关系的基础造成严重的损害。在这种情况下，中方认为，法国继续单方面在中国广州设总领馆是不适宜的。鉴此，我奉命通知如下：中方要求法方在一个月内关闭法国驻广州总领馆”。之后不久，中方又宣布，中止广州地铁、大亚湾核电站等项目上与法方的合作。

法国政府背信弃义，严重损害中法关系的行径也引起了法国人民的不满。12 月 22 日，法国巴黎《人民报》刊登了该报记者对不久前在华进行为期六天访问的法共政治局委员、法共国际部部长弗朗西斯·维尔茨的专访。维尔茨认为，中国十四大之后，中国从中央政府到地方各级都在谈论经济改革问题，处处都在“召唤着高精尖技术，召唤着外国企业”。占欧洲人口3倍的中国在地区事务和国际事务中起着重要的作用，谁都不能小视这个国家无量的前途。法国在中国有许多重要的机会可以抓住，但是法国领导人却正在错过这些机会。许多合同很可能都会失掉，与此同时，法国同世界上人口最多的国家的文化、政治合作也将中断。“我们要提醒法国人民，应对这种短视的对华政策提出警告。”

法国售台战斗机也引起了国际社会的广泛关注，因为1991年10月，联合国安理会5个常任理事国第二轮军控会议通过了一项决议，主要原则包括：常规武器的转让应避免有关地区的紧张局势，更不能以此干涉主权国家的内政。作为5个常任理事国的法国公然出尔反尔，背信弃义。

尽管1992年的中美、中英、中法关系中出现了一些波折，但这一年中国外交还是硕果累累。154个国家与中国建立了外交关系，中国领导人出访了48个国家，外国领导人及外长来华访问达65起，外国常驻北京记者增加到180余人，临时来访记者约3000人次。李鹏在年初、朱镕基在年底对欧洲的访问，恢复和加强了中国与欧共体的关系。中国与以色列的建交，扩大了中国在中东地区的影响。在柬埔寨问题上，中国发挥着举足轻重的作用。中国正式成为不结盟运动观察员国，同77国集团保持着密切联系。中国同广大发展中国家的团结与合作，在广度和深度上都有新的发展。

三、冲击GATT

◎关在协定门外的缔约国

◎“复关”进展

◎税率下调

1992年是中国恢复关贸总协定缔约国地位取得较大进展的一年。

总部设在日内瓦的关贸总协定（简称GATT）成立于1948年。它最初只是一项调节和规范缔约国之间关税水平和贸易关系的临时性多边协议，后来由于拟议的国际贸易宪章未能生效，关贸总协定就成为各缔约国间在贸易政策方面制定共同遵守的原则和规范，成为促进国际贸易自由化唯一的一项国际多边协定，并成为与联合国有密切关系的国际机构。它的基本宗旨是通过实施普遍的贸易最惠国待遇，削减乃至取消关税和其他贸易壁垒，促进国际贸易自由化，以便充分利用世界各国资源，扩大商品的生产和交换。刚成立时，关贸总协定只有23个缔约国，到1991年已发展到103个，还有8个国家正在正式申请加入或要求恢复地位。

随着世界经贸关系的发展变化，70多个发展中国家和地区成为关贸总协定缔约方，占成员总数的三分之二以上。总协定的主要原则和规则已在国际贸易关系中被广泛承认和运用。缔约方的贸易额已占全世界贸易额的90%以上。

中国是关贸总协定的创始缔约国之一。新中国成立以后，由于历史的原因，中国与关贸总协定之间的正式关系长期中断。从20世纪70年代中期开始，中国逐步与关贸总协定恢复联系。1981年中国政府派代表列席了关贸总协定纺织委员会主持的第三个国际纺织品贸易协议的谈判会议，并于1984年1月正式签署该协议，成为关贸总协定纺织委员会的成员。中国还从1982年起派观察员列席总协定缔约国大会，并自1984年起又列席关贸总协定理事会及其下属机构的会议及参加有关活动。

1991年，中国同关贸总协定缔约国的贸易额约占进出口贸易总额的85％以上。随着中国外贸的进一步发展和对外开放的扩大，关贸总协定的原则和规章对中国进出口贸易的影响日益加深，中国与关贸总协定的关系也更加密切。

1986年7月10日，中国政府代表正式向关贸总协定总干事提交了中国政府关于恢复在关贸总协定中缔约国地位的申请照会，期望得到与其他发展中缔约国或地区同等的待遇，同时中国准备在减让关税的基础上与各缔约国和地区进行谈判。

中国政府的这一步骤，引起了各缔约国的高度重视和积极反应。1987年2月，中国政府按照关贸总协定的惯例和程序，向它递交了中国对外贸易制度备忘录，介绍了中国外贸制度、法规和经贸体制改革政策。关贸总协定理事会在3月成立了专门工作组，5月确认了工作组的工作职责范围，开始对恢复中国缔约国地位问题进行审议。到1991年底前，由中国和各缔约国代表团参加的中国工作组会议先后举行了9次。中国代表团在这些会议上对中国现行的外贸制度、法规、进出口管理措施、经贸体制改革状况等作了全面和详细的阐述。

在此期间，中国还参加了关贸总协定主持的国际多边贸易谈判。1986 年 9 月，中国政府代表团应邀出席了在乌拉圭埃斯特角城举行的关贸总协定部长级会议。按照《乌拉圭回合部长宣言》的有关规定，中国获得了全面参加“乌拉圭回合”多边谈判的资格。中国代表团参加了各项谈判议题的工作，并就有关谈判议题提出了积极的建议、提案和联合提案。

1992 年 2 月 13 日，关贸总协定中国工作组在日内瓦举行第 4 次会议，继续审议中国恢复关贸总协定缔约国地位的要求。中国代表团团长、经贸部副部长佟志广在会议上重申，中国将继续努力改革外贸制度，使其符合关贸总协定的要求。佟志广向与会者介绍，中国从 1988 年开始的旨在调整经济过热和抑制通货膨胀的经济治理整顿主要任务已经完成。一些加强行政控制的措施已被“八五”计划和“十年规划”确定的进一步改革开放方针取代。本年度，中国将进一步深化经济体制改革，有步骤地把企业推向市场。1992 年，中国将逐步将关税总水平降到关贸总协定要求的发展中国家应有的水平，取消进口调节税；尽快制定《外贸法》和《反倾销法》等法规，使中国的外贸管理法制化；减少进口许可证管理范围，增强进口管理的透明度。中国愿意根据关贸总协定关税减让规则，立即开始与关贸总协定缔约国展开关税减让谈判。

佟志广的发言受到了与会 40 多个缔约国代表的广泛好评。在历时两天的会议上，关贸总协定工作组开始了有关恢复中国关贸总协定缔约国地位议定书的实质性谈判。代表们对未来议定书初步条款的范畴和内容问题进行讨论，对中国的外贸制度进行了进一步审议。关于中国在经济体制改革和外贸体制改革中做出的重大努力和取得的成就，关贸总协定中国工作组表示欢迎和赞赏，认为中国代表团为工作组审议工作的顺利进行作出了重要努力，提供了大量材料。

10 月 21 日，中共十四大刚刚闭幕，社会主义市场经济理论得到确立。关贸总协定中国工作组在日内瓦举行第 11 次会议，讨论关于恢复中国关贸总协定缔约国地位的议定书。佟志广在会议上说，这次会议将最终完成对中国外贸制度的审议，进入中国恢复缔约国地位议定书中权利和义务的实质性谈判。

这次会议本应在“最迟 6 月底”前召开，由于多方原因延宕。在中方的不断努力下，9 月底，关贸总协定理事会做出决定，责成中国工作组加快恢复中国缔约国地位的进程。

佟志广在会上介绍了中共十四大做出的经济改革重大决策和中国经贸体制深化改革的情况。他指出：社会主义市场经济将使中国的经济结构和政策更快地靠拢以市场经济为基础的关贸总协定体制，并使中国在恢复缔约国地位以后，能更好地履行实施关贸总协定规定的义务。中国的外贸体制将会更加开放，更加符合国际惯例，这不仅是发展中国经济所必需的，而且也与恢复中国缔约国地位的努力相一致。

他重申，在恢复中国缔约国地位的谈判过程中，中国将寻求它在关贸总协定中权利和义务的平衡。中国决心在降低关税和消除非关税措施方面承担自己的义务。在恢复地位之后，应当享受总协定的最惠国待遇和非歧视性原则为基础的各项权利。

他表示，中国愿本着开放、积极、现实、认真的态度和各缔约方就中国议定书进行谈判，也愿意开始同有关缔约方进行关税减让谈判，希望恢复中国缔约国地位的谈判能加速进行。

10 月 23 日，关贸总协定中国工作组第 11 次会议结束。关贸总协定新闻发言人指出，恢复中国缔约国地位的谈判工作“进展顺利”，会议取得了“良好”的成果。

12 月 8 日，原定于 11 月 9 日召开的关贸总协定中国工作组第 12 次会议在日内瓦召开，在为期一天半的会议期间，中国代表团在会上发表了进一步澄清对中国经贸体制改革误解的文件。佟志广在会上再次向与会代表进一步阐述了中共十四大确立的继续改革开放的路线及中国致力于建立和完善社会主义市场经济体制所作的努力。

会议通过了一份内容较为详细的非正式议定书初步框架。这个框架综合了中国和其他缔约方之间的意见，列出了未来议定书应该处理的 9 个问题，为今后议定书的起草工作奠定了基础。会议预定 1993 年 3 月中旬召开中国工作组会议时将深入讨论这次议定书的基本内容。由此，中国新闻媒体认为中国复关前景日趋明朗化。

12 月中旬，国务院关税税则委员会办公室负责人在答《人民日报》记者问时宣布，为了促进我国经济的进一步发展，中国政府将调低进口关税，其涉及面包括 3371 个税目的产品，占海关进出口税则税目总数的 53.6%，使我国关税总水平下降

7.3%，这是新中国建立以来调整关税涉及商品范围最广的一次。

这次降低税率的重点商品是：（一）国内需要长期进口的原材料；（二）国内不能生产的先进科技产品；（三）产于发展中国家的若干产品；（四）我国在国际市场上已有一定竞争力的制成品。按商品类别分类，农产品降税幅度为8%，矿产品降税幅度为6.9%，化工品降税幅度为4.2%，木材纸张降税幅度为9.4%，金属及其制品降税幅度为7.3%，建筑材料的降税幅度为9.2%，纺织原料及纺织物的降税幅度为9.6%，机电仪器产品的降税幅度为6.2%，交通运输设备的降税幅度为6.2%。

这次关税调整取消了进口调节税，放松了外汇管理制度。我国政府还公布了数十份有关进出口管理的文件，宣布在两年内取消2/3以上的进口许可证，并对外贸体制的核心部分——进口体制进行改革。此外，中国经济的持续发展和强劲的贸易活力，为“复关”创造了有利条件。

在我国政府为“复关”而进行不懈努力的时候，经济学界也在探讨“复关”后对中国经济的影响。学者们认为，根据中国经济发展的现状和前景，“复关”自然利大于弊。但是“复关”之后，中国的企业将面临前所未有的挑战，出路只有一条：深化体制改革，从市场出发，依靠科技，实行联合，调整产业结构，建立现代企业集团。经济界人士也敏悟到这一点，从1992年下半年起，国有大中型企业认真贯彻企业法和十四大精神，努力寻求一条强强联合的方式建立现代企业集团，以迎接“复关”后的机遇和挑战。

在中国申请“复关”的努力中，很多友好国家，尤其是第三世界的友好国家，对中国的“复关”活动起了积极的促进作用。

但是，“复关”的道路并非一帆风顺。正当中国政府和经济界为此而付出极大努力之后，以积极姿态迎接这一时刻到来时，1993年起，以美国为首的少数国家却设置新的障碍加以阻挠。它们提出了与中国发展水平完全不相适应的“复关”义务要求，并在台湾所谓的“复关”问题上做文章，致使中国“复关”受挫。

不过，从中国的市场前景和中国在世界贸易中所占的地位看，把12亿人口的大国排斥在关贸总协定之外，无疑对关贸总协定多边贸易体制的加强和世界经济贸易的发展都会起消极作用。同时，中国早日“复关”，将有利于进一步改革开放和在平等互利基础上扩大同各国的贸易往来。

结　语

在 1992 年的改革开放和现代化建设过程中，由于改革的深入、开放的加大，中国在现代化的进程中铸造了新的历史辉煌。

这一年，在国际政治格局发生急剧变化的重大历史关头，改革开放的“总设计师”邓小平及时发表了视察南方讲话，坚持了党的十一届三中全会以来的理论和路线，深刻回答了长期束缚人们思想的许多认识问题，把改革开放和现代化建设推进到了新的阶段。视察南方讲话是又一次实事求是、解放思想的宣言书。“三个有利于”已经成为我们判别是非、确定得失的根本标准。

这一年，中共十四大确立了邓小平建设中国特色社会主义理论在全党的思想指导地位，从而结束了思想理论领域在这个问题上的长期混乱状况，为我们顺利地把改革开放和现代化建设推向前进提供了思想理论保证。党的十四大明确了我国经济体制改革的目标是建设社会主义市场经济，视“市场”和“计划”都是发展经济的手段，这为我国的经济体制改革和发展指明了方向。党的十四大作出了抓住机遇、加快发展的重大决策，使我国的经济和社会发展的速度加快，胜利完成了各项发展指标。

这一年，在邓小平视察南方谈话和党的十四大精神鼓舞下，我国的社会主义现代化建设事业取得了辉煌的成就。

在物质文明方面，各种类型的工业全面快速增长，国有企业工业增加值增长 14.4%，集体所有制工业增加值增长 28.5%，中外合资、合作和外商独资企业工业增长 48.8%。全国乡镇企业产值达到 1.65 亿万元，比 1991 年增长 40%。非公有制经济也有了较大发展，到 1992 年底，全国私营企业已达 13.9 万户，注册资金 221.2 亿元，从业人员 232 万人。全国个体工商户 1533.9 万户，自有资产 601 亿元，从业人员 2467.7 万人，都比 1991 年有了较大发展。

1992 年，全国粮食总产量达到 4425 万吨，比 1991 年增产 740 万吨，是历史上第二个高产年。农村工业、建筑业、运输业、商业、服务业等非农业产业增长 37%，占经济的比重由 1991 年的 57.1%提升到 64.1%。

1992 年，外商来华投资增长，在我国注册的“三资”企业达 8.4 万个，比 1991 年增加了 4.1 万个。全年实际利用外资 188 亿美元，其中外商直接投资 111.6 亿美元，比 1991 年增长 1.6 倍。

1992 年，国家新批准 25 个高新技术产业开发区，使总数达 52 个，加上各地自办的比较成型的高新技术产业开发区共 100 多个。全国技术市场成交金额 150.8 亿元，比 1991 年增长

59.1%。这在科技和经济体制改革相结合试点方面迈出了新步伐。

1992年，我国国民经济高速增长，国内生产总值达23938亿元，比1991年增长12.8%。工业产品产销率由1991年的94.5%提高到95.5%，按净产值计算的全员劳动生产率提高了19.5%。全年社会商品零售总额达到10894亿元，比1991年增长15.7%。城镇居民人均生活费收入1826元，扣除物价因素比1991年增长8.8%。

这一年，在精神文明领域，全国小学入学人数比1991年增加110万人。7～11岁学龄儿童入学率达到97.95%，小学毕业生升学率为79.61%，比1991年提高了1.9个百分点。初中招生比1991年增加56.54万人，12～15周岁学龄人口入学率达86.91%。高中招生比1991年增加10.33万人。全国中小学校舍建筑面积比1991年增加2831.8万平方米，危房比例由上年的2.75%下降到1.96%。小学、初中、高中与中专任教老师学历合格率分别达到82.7%、55.6%和49.1%。

这一年，高中阶段职业技术教育招生占高中教育的比重达到53.8%，在校生比重达到49.2%。中专学校招生的科类结构中，师范、医药比例下降，财经、工科、农科比例有了较大幅度增长。职业高中招生的科类结构中，农科、林科比例下降较大，财经、修理及其他面向第三产业的科类比例有所上升。职业中学任教老师比上年增长9%。职业学校校舍建筑面积比上年增长10.77%，超过了在校生的增长速度。

1992年，全国普通高校招收本专科学生54.2万人，比上年增加 13.43 万人，年增长率为 21.60%，超过历史最高水平。专科生招生占高校招生总数的比例由 1991 年的 27.4%上升至 53.6%，第一次超过本科招生比例。面向经济部门的工科、财经等科类招生数有较多增加，所占比例上升。研究生招生规模比 1991 年增长 12.50%，在校生规模增长 6.8%，应用学科招生数比 1991 年增长 15.6%，其中博士生招生比 1991 年增长 8.0%，高校教授、副教授达 10.4 万人，在师资队伍中的比例由 1991 年的 25.46%提高到 28.86%。其中 45 岁以下的正教授由 1991 年的 164 人增至 399 人，增长了 82.3%；40 岁以下的副教授由 1603 人增至 3533 人，增长了 120.4%；45 岁以下的研究生导师比上年增长 41.6%。

1992 年，全国共培训大中型企业领导干部 2.3 万人，小型企业领导干部 10.4 万人，其他各类干部 65.8 万人。26 个省市 4180 万名职工参加了 50 小时以上的职业培训，其中 84.9%为岗位培训，全国各级农民技术培训学校有 27.15 万所，比 1991 年增长 29.2%。乡、村两级农民技校覆盖率分别达到 72.7%和 28.1%，培训学员共 4460 万人次，占乡村劳动力的 10.4%。扫盲班结业人数 523.31 万人。

这一年，邓小平视察南方谈话公开发表后，经过学习和广泛宣传，全国人民在思想、观念上获得了又一次革命性的转变，达到了又一次“团结一致向前看”的高潮。

这一年，中国体育健儿在巴塞罗那奥运会上，让五星红旗一次次升起，《中华人民共和国国歌》一次一次奏响。他们的拼搏精神将全国人民的爱国主义、团体主义激情推向了高潮。

这一年，中共十四大胜利召开，大会精神进一步统一了全国人民思想。认真贯彻、实践十四大确定的方针、政策，成为全国各族人民共同的行动目标。

这一年，全国人民在建立社会主义市场经济的初步实践中，精神状态、价值观念、生活方式发生了深刻的变化……